国际中文教育
中文阅读分级标准

Chinese Graded Readers Standards for
International Chinese Language Education

中外语言交流合作中心　组编

北京语言大学出版社
BEIJING LANGUAGE AND CULTURE
UNIVERSITY PRESS

图书在版编目（CIP）数据

国际中文教育中文阅读分级标准 / 中外语言交流合
作中心组编 . -- 北京 : 北京语言大学出版社 , 2025. 1.
ISBN 978-7-5619-6686-0

Ⅰ. H195.3

中国国家版本馆 CIP 数据核字第 2024GY2177 号

国际中文教育中文阅读分级标准
GUOJI ZHONGWEN JIAOYU ZHONGWEN YUEDU FENJI BIAOZHUN

责任编辑：付彦白
英文编辑：侯晓娟
装帧设计：北京青侣文化创意设计有限公司
排版制作：北京青侣文化创意设计有限公司
责任印制：周　燚

出版发行：北京语言大学出版社
社　　址：北京市海淀区学院路 15 号，100083
网　　址：www.blcup.com
电子信箱：service@blcup.com
电　　话：编 辑 部　8610-82303647/3592/3395
　　　　　国内发行　8610-82303650/3591/3648
　　　　　海外发行　8610-82303365/3080/3668
　　　　　北语书店　8610-82303653
　　　　　网购咨询　8610-82303908
印　　刷：天津嘉恒印务有限公司

版　次： 2025 年 1 月第 1 版	**印　次：** 2025 年 1 月第 1 次印刷
开　本： 889 毫米 ×1194 毫米 1/16	**印　张：** 8.5
字　数： 155 千字	**定　价：** 78.00 元

PRINTED IN CHINA

凡有印装质量问题，本社负责调换。售后QQ号1367565611，电话010-82303590

国际中文教育中文阅读分级标准

编委会：

    主　任：郁云峰

    副主任：于天琪

    委　员：赵　杨　韩宝成　王佶旻　罗少茜　王　蕾　江　新

研制组：

    组　长：冯丽萍　周小兵　朱　勇

    主要参与人员：

郝美玲	李春雨	杨丽姣	徐彩华	王鸿滨	赵　雷	钱　彬	薄　巍
张一萍	庄楚玥	富紫茗	陈　璞	高怡楠	李婉宁	刘景艳	卢　玥
曹桂萍	徐会丹	刘璟之	吴登鹏	杜玲红	陈晓达	王　宏	洪　爽
刘雨珊	刘　松						

前　言

一、编写目标

国际中文教育是文化交流、文明互鉴的重要平台，对促进中外文化互动、推动世界文明对话具有重要意义。作为中文母语国，我们有义务为全球中文阅读者学习中文、了解中国社会、走近中国文化提供多元化路径，为世界范围内的文化传承与交流贡献力量。在教育部中外语言交流合作中心的指导下，北京外国语大学、北京师范大学、北京语言大学等高校的专家通力合作，广泛查阅、参考国内外相关资料，并结合阅读的特点，研发了《国际中文教育中文阅读分级标准》。

《国际中文教育中文阅读分级标准》以《国际中文教育中文水平等级标准》和《国际中文教育用中国文化与国情教学参考框架》为参照，以"悦读·善读"为核心理念，力求为全球范围内的中文分级阅读提供科学化、系统化、个性化的指导体系，为中文读物编写者、出版机构更好地写书、编书、出书提供依据，为中文爱好者更好地选书、读书、用书提供指导，为阅读推广机构更好地进行阅读资源研发、平台搭建提供辅助，同时也为儿童家长、学校教师等伴读群体更好地进行读物使用提供参考。

《国际中文教育中文阅读分级标准》的研发是国际中文教育深入发展的现实需要，同时也是教育部中外语言交流合作中心加强国际中文教育标准化建设的重要举措。作为国际中文教育领域的第一部分级阅读标准，其旨在建立一个兼具开放性与包容性，既具有全球视野又普遍适用的标准体系，以满足全球中文阅读者的多元化需求，为促进文化交流互动、丰富世界文化的多样性做出贡献。

二、编写原则

（一）科学性原则

《国际中文教育中文阅读分级标准》（以下简称"标准"）以中国语言文学、教育学、心理学等相关学科为基础，结合儿童、青少年和成人的认知发展规律，描述了全球中文阅读者阅读能力的典型特征。"标准"吸收学界最新研究成果，积极捕捉国际分级阅读的新理念、新方法、新路径与新趋势，以大量的实证研究和数据为支撑，注重中文阅读的系统性、连贯性和普遍性，各级别之间难度划分清晰、合理，并做到有效衔接，由此构成了符合科学逻辑的分级阅读标准。

（二）指导性原则

"标准"以语言习得规律和中文学习者认知特点为基础，为读物的编写与选择、读者的阅读引导等提供科学的指引。"标准"以儿童、青少年和成人三类群体为对象，从读者的年龄及心理特征、读者的阅读能力表现（从阅读认知过程、阅读行为和阅读策略三个方面描述）两个维度描述读者特征；从语言、文本和形式三个维度描述读物特征。"标准"紧密结合阅读实践，具有明确的指导性意义，体现了中文阅读由浅到深、从具体到抽象的不断深入、系统和完善的过程。

（三）实用性原则

"标准"科学设置阅读的难度和梯度，有助于读者在阅读过程中实现知识、技能和情感目标的循序渐进式发展。"标准"明确了各级别阅读能力和各级别读物的具体指标，以及读者在各级别应该达到的阅读水平，为后续国际中文分级阅读测评系统、读物资源系统、伴读系统的开发提供了明确的指导，为读物编写者、中文阅读者、阅读推广者，以及儿童家长、教师等伴读群体开展阅读活动提供了科学依据。

（四）国际化原则

"标准"力图将国际中文阅读与世界文化接轨，具有鲜明的国际视野和跨文化意识。"标准"的研制充分考虑到读者不同的地域环境、文化背景和语言水平，强调其在全球的开放性与普遍适用性。"标准"倡导数字化、个性化的快乐阅读，在充分关注中文阅读特点的同时，广泛吸收国际先进的分级阅读理念与方法，取长补短，既具有中国特色，又兼具国际视野。

三、内容说明

"标准"依据读者年龄分为儿童阶段（5—12岁）、青少年阶段（12—18岁）和成人阶段（18岁及以上）三个部分。每一个年龄段的"标准"均从中文零起点开始，依据读物难度进行等级划分，结构清晰，逻辑严密，既符合阅读能力发展的科学规律，又满足了不同年龄群体的实际需求。

每一个年龄段的"标准"均包括"读者特征""读物特征"和"示例"（集中放置在"标准"描述后）三大板块，这三个板块组合在一起，构建了一个科学、系统、实用的标准体系，为国际中文分级阅读的标准化、规范化奠定了坚实的基础。"读者特征"包括"读者的年龄及心理特征"和"读者的阅读能力表现"两个维度。"读者的阅读能力表现"又包括"阅读认知过程""阅读行为"和"阅读策略"三个方面。"阅读认知过程"反映了读者的阅读认知特点，"阅读行为"包括阅读速度和阅读兴趣等个性化特征，"阅读策略"则是读者在阅读过程中使用的技巧和方法。"读物特征"主要从语言、文本和形式三个维度进行具体的指标描述。语言方面包括汉字、词语、句子和语篇等指标，为读物的语言分级提供依据；文本方面包括主题特征、内容特征和文体特征等指标，为读物编写在内容选取和文化蕴含方面提供指导；形式方面包括呈现形式、注音注释、插图特点和排版形式等指标，对读物的载体及形式特征，包括对注音、注释、插图、字号大小等阅读辅助手段的使用提出了具体建议。此外，"标准"还包含"示例"部分，提供了符合不同级别读物特征描述的阅读材料样例。

儿童、青少年和成人的年龄特征和心理特征存在差异，这就要求"标准"在不同年龄段应兼具系统性、针对性和差异性。因而，各年龄段的"标准"虽然采用了基本一致的设计框架，但各自的针对性特点十分突出。儿童阶段的"标准"主要为海内外5—12岁学习中文的儿童制定，分为6个级别；青少年阶段的"标准"主要为12—18岁的读者群体制定，分为7个级别；成人阶段的"标准"主要为18岁及以上的成人读者群体制定，分为9个级别。在每一个年龄段的"标准"前，均有"设计思路和编写框架说明"部分，详细介绍了各年龄段分级阅读标准的编写思路、设计特点及与《国际中文教育中文水平等级标准》的难度对应情况，供使用者参考。

综上所述，"标准"综合考虑读者特征和读物特征，力图为全球范围内的中文分级阅读提供一套富有科学性、指导性和实用性的标准体系，可促进国际中文阅读深入发展，为培养具有深厚的中国文化素养、跨文化意识和国际化视野的人才做出贡献。

四、使用说明

（一）使用对象

"标准"旨在为全球范围内的读物编写者、出版者，中文阅读者、阅读推广者，家长、教师等伴读群体提供阅读活动指南。通过"标准"，中文教师可以根据阅读者的认知特点和中文水平推荐不同的阅读材料，制订个性化的阅读计划；家长可以根据孩子的阅读兴趣和阅读能力，选择适合孩子的读物。"标准"也有助于读物编写者、出版机构、数字化资源开发人员等编写面向不同区域国家的多模态中文读物，从而满足国际中文阅读分众化、精准化、数字化发展需求。

（二）使用方法

"标准"从读者的年龄及心理特征、读者的阅读能力表现两个维度描述了读者特征，从语言、文本和形式三个维度描述了读物特征，这为中文分级阅读的实践提供了指导。但读物与教材不同，"标准"强调引导阅读的自然性、趣味性，因而在描述指标特征时较为概括，以便给读物编写者、阅读者、伴读者等群体使用读物提供更大的作用空间。

具体来说，在阅读材料的选择上，可以参考"标准"中的读者年龄、语言水平、阅读兴趣等选择合适的读物。在阅读计划的制订上，可以根据"标准"的分级体系，结合阅读目标、时间安排，适时调整阅读材料的难度和进度以确保阅读的连续性和系统性。在阅读能力的评估上，可以根据"标准"中的指标采取科学有效的方法，对读者的阅读能力进行客观、准确的评估；同时，也可以结合"标准"的读物难度指标体系，分析阅读材料的难度和复杂度，对读物的难度进行测评。通过以上使用建议，我们希望可以帮助使用者更加科学、有效地进行中文分级阅读，以提升阅读能力，快乐阅读，享受阅读。

《国际中文教育中文阅读分级标准》研发团队

2024 年 4 月

目　　录

国际中文教育
中文阅读分级标准

（儿童）

设计思路和编写框架说明

　　《国际中文教育中文阅读分级标准》（儿童）主要为海内外 5—12 岁学习中文的儿童制定，共分为 6 个级别，每两个级别对应《国际中文教育中文水平等级标准》（以下简称《等级标准》）中的 1 个级别，详见表 1–1：

表 1–1　《国际中文教育中文阅读分级标准》（儿童）级别与《等级标准》级别对应情况

《国际中文教育中文阅读分级标准》（儿童）级别	《等级标准》级别
一级	一级
二级	
三级	二级
四级	
五级	三级
六级	

　　本阶段标准的制定广泛参考了海内外优秀的分级读物，同时还借鉴了多个分级阅读标准。"标准"从"读者特征"和"读物特征"两个层面来界定各个级别的要求。从"读者特征"层面看，考虑到儿童的认知能力尚处于逐步发展中，"标准"在各级别开头详细描述了不同阶段读者的认知特点。同时，"标准"强调培养儿童阅读过程中的阅读认知、行为与策略等，为儿童阅读能力的逐步提升提供了明确的路径。从"读物特征"层面看，"标准"主要关注语言、文本和形式三个维度。语言方面要求读物的语言表达清晰易懂，符合各级别儿童的理解能力；文本方面要求内容丰富、有趣，能够激发儿童的阅读兴趣；形式方面则要求读物的排版设计合理，插图贴切生动，可与文本合力辅助儿童理解，保证儿童获得较好的阅读体验。

　　本阶段标准能够为儿童分级读物的编写提供科学指引，帮助儿童逐步提升中文阅读能力，了解中国、理解中国，增强跨文化交际能力，更快更好地融入全球化的教育环境。

一级

一、读者特征

■ 读者的年龄及心理特征

中文零起点和初级读者群，年龄为5—7岁的学前及小学低年级学生。该年龄段的儿童主要关注直接观察到的信息和事物，对具体事物进行思考，在解决问题时更倾向于使用具体的实例而非抽象的概念。他们开始表现出简单的逻辑思维能力，能够理解一些因果关系但仍受限于具体情境。他们的假设检验能力开始发展，在帮助下能够尝试寻找原因和证据。语言上，他们开始能够逐步使用各种符号来表达物体概念，词汇量逐渐增加，开始能够理解、使用更为复杂的词语和短句，也能够说出更多符合语言规范的长句。

■ 读者的阅读能力表现

《国际中文教育中文阅读分级标准》（儿童）一级读者的阅读能力表现详见表1-2。

表1-2 《国际中文教育中文阅读分级标准》（儿童）一级读者的阅读能力表现

阅读认知过程：阅读以字词认读为主，会接触一些简单、重复的句式，能够阅读简单、短小的篇章。在阅读过程中，会借助插图或音视频的帮助学习一些基本的字词，并且主要依靠汉字的字形特点记忆汉字，利用汉字的象形性特点学习字义，多通过简单直观的方式将字形与字音、字义对应起来。
阅读行为：5—7岁的儿童正处于阅读启蒙的关键时期，需要通过分享阅读或亲子共读等方式培养他们的阅读行为。他们知道阅读需要以从左到右、从上到下的方向进行。阅读中会尝试用手指在文本中追踪读到的印刷字体。
阅读策略：阅读前，能够尝试根据插图推测故事情节；阅读过程中，能够通过指读、朗读的方式顺利阅读文本，对于内容熟悉的文本能够默读，还能够根据插图猜测、分析词义；阅读后，能够将故事的主要角色和重要情节复述出来。

二、读物特征

《国际中文教育中文阅读分级标准》（儿童）一级读物特征详见表1-3。

表1-3 《国际中文教育中文阅读分级标准》（儿童）一级读物特征

语言	汉字	• 主要使用《等级标准》一级汉字表中的高频字。 • 主要使用音节结构较为简单，承担形旁、声旁功能的独体字，或具有象形性特点的汉字，如：日、月。 • 出现一些可利用已有汉字知识猜测字义的汉字，如：吃、明。
	词语	• 主要使用《等级标准》一级词汇表中的高频词，可根据该年龄段儿童的喜好和读物主题增加少量越级词和超纲词。 • 引入一些跟儿童生活密切相关的词语，如：本子、花。 • 出现一些常用、具象的高频词，如：白天、包子。
	句子	• 主要依循《等级标准》语法等级大纲中的一级语法点。 • 句型单一，句式结构简单，如：①我喜欢花；②你是谁？ • 句子简短，句中无标点符号。
	语篇	• 以口语体为主，有简单对话，如：——你喜欢什么？——我喜欢花。 • 整本读物100字左右。
文本	主题特征	• 贴近读者的简单主题，如：动物的名字。
	内容特征	• 内容具体形象。 • 人物类型单一，关系简单。 • 情节简单。
	文体特征	• 文体特征不鲜明。

（续表）

形式	呈现形式	• 图画书、识字卡片等。
	注音注释	• 全文注音，拼音标注在对应汉字的上方。 • 按照《汉语拼音正词法基本规则》进行分词连写。 • 将生词加粗、画线或标注不同颜色，并对生词进行边注，注释内容包括词性和外文释义。
	插图特点	• 具有极高的图文一致性。 • 色彩丰富，焦点清晰。
	排版形式	• 行距大，字号大（正文汉字通常在 24P[1] 及以上）。 • 全书版式统一。 • 一页一图一字词或一页一图一简单句。 • 每句少于 10 个字，句子不跨行。 • 每页不超过 2 句话。

三、示例

（详见 67 页）

1　P—Point，1P ≈ 0.35mm。

二级

一、读者特征

■ 读者的年龄及心理特征

中文初级读者群，年龄为5—7岁的学前及小学低年级学生。该年龄段的儿童主要关注直接观察到的信息和事物，对具体事物进行思考，在解决问题时更倾向于使用具体的实例而非抽象的概念。他们开始表现出简单的逻辑思维能力，能够理解一些因果关系但仍受限于具体情境。他们的假设检验能力开始发展，在帮助下能够尝试寻找原因和证据。语言上，他们开始能够更加熟练地使用各种符号来表达物体概念，词汇量逐渐增加，开始能够理解、使用更为复杂的词语和短句，也能够说出更多符合语言规范的长句。

■ 读者的阅读能力表现

《国际中文教育中文阅读分级标准》（儿童）二级读者的阅读能力表现详见表1-4。

表1-4 《国际中文教育中文阅读分级标准》(儿童) 二级读者的阅读能力表现

阅读认知过程: 读者处于阅读萌芽期，接触的句式增多，能够阅读几个句子连缀而成的简短篇章，能够理解篇章中出现的简单并列复句。对字词的识别主要依赖形状特点和简单重复，但通过前一阶段的学习认识了一些简单的汉字声旁和形旁，因此能够在引导下利用汉字形、音、义的对应规则进行简单的字词猜测。能够比较熟练地阅读一些简单的高频句型。
阅读行为: 儿童仍处于阅读萌芽期，需要在分享阅读或亲子共读中培养他们良好的行为习惯。他们专注阅读的时间还比较短，默读或遇到困难时会指读或求助。有时读到熟悉的句子、情节会有感情地朗读，以逐步养成良好的阅读习惯。
阅读策略: 阅读前，能够根据标题和插图推测故事情节。阅读过程中，能够从上一阶段的指读和朗读逐步过渡到以默读为主，在遇到认读困难时会以指读、朗读或重读的方式为辅助；能够尝试利用汉字的声旁和形旁等线索认读字词；能够通过插图，结合文本将事件联系起来，掌握情节的发生顺序；能够根据插图，对照文本推测人物的行为、感受和文中的观点。阅读后，能够根据插图的提示回忆故事的角色和情节，复述故事。

二、读物特征

《国际中文教育中文阅读分级标准》（儿童）二级读物特征详见表 1–5。

表 1–5　《国际中文教育中文阅读分级标准》（儿童）二级读物特征

语言	汉字	• 主要使用《等级标准》一级汉字表中的汉字。 • 音节结构较为简单，承担形旁、声旁功能的独体字数量逐渐增多，如：手、女。引入一些简单的形旁和声旁组成的合体字，如：地、样。 • 出现更多可利用已有汉字知识猜测字义的汉字，如：休、男。
	词语	• 主要使用《等级标准》一级词汇表中的词语，可根据该年龄段儿童的喜好和读物主题增加一些越级词和超纲词。 • 出现更多跟儿童生活密切相关的词语，如：太阳、月亮。 • 引入更多常用的、能产性高的词语。
	句子	• 主要依循《等级标准》语法等级大纲中的一级语法点。 • 句型单一，句式结构简单，如：①牛奶在桌子上；②哥哥比弟弟高。 • 句子简短，句中无标点符号或只有逗号，句子长度多为 3—7 个词。
	语篇	• 有时单页会出现 1—2 句简单对话，如：——你在做什么？——我在画画儿。 • 整本读物 150 字左右。
文本	主题特征	• 贴近读者的简单主题，难度稍微增加，如：动物的样子。 • 培养读者优秀习惯和良好品德的主题，如：问候、卫生等。
	内容特征	• 内容具体形象。 • 人物类型单一，关系简单。 • 情节稍微复杂，但仍易于预测。
	文体特征	• 叙事性文本为主，如：童话故事。 • 少量引入非叙事性文本，如：简单的科普文、儿歌、童谣。

（续表）

形式	呈现形式	• 图画书、识字卡片等。
	注音注释	• 全文注音，拼音标注在对应汉字的上方。 • 按照《汉语拼音正词法基本规则》进行分词连写。 • 将生词加粗、画线或标注不同颜色，并对生词进行边注，注释内容包括词性和外文释义。
	插图特点	• 具有极高的图文一致性。 • 色彩丰富，焦点清晰。
	排版形式	• 行距大，字号大（正文汉字通常在 24P 及以上）。 • 全书排布方式基本统一，偶尔出现排布方式不同的一两页。 • 句子尽量不跨行。 • 每页 2 句话左右，行数不超过 3 行，通常是一个小段。

三、示例

（详见 69 页）

三级

一、读者特征

■ 读者的年龄及心理特征

中文初级读者群，年龄为 8—9 岁的小学中年级学生。在思维方面，他们表现出更高的复杂性和灵活性，对抽象概念和复杂思维任务的处理能力有所提升，尤其是随着自我中心思维的减弱，他们开始能够从多个角度考虑问题，思考事情发生背后的原因。对社会规则和道德规范的理解进一步加深，对他人的感受和立场有更为深刻的理解。在语言方面，他们开始能够理解词汇间的联系，能够理解和使用更为复杂、抽象的词汇，运用多种语法规则和句型，能够讲述或复述简单的故事。

■ 读者的阅读能力表现

《国际中文教育中文阅读分级标准》（儿童）三级读者的阅读能力表现详见表1–6。

表 1–6 《国际中文教育中文阅读分级标准》（儿童）三级读者的阅读能力表现

阅读认知过程：读者处于阅读发展早期，阅读从字、词、句逐步过渡到简短篇章，能够理解文本中简单的转折、因果等复句。对于部分高频字词的阅读已达到自动化程度，能够迅速、准确地运用语言知识进行阅读。在句子和短文阅读过程中，大部分的注意力能够集中在识辨字词上，但随着阅读经验的增加，能够逐步将注意力转移到对文章内容的理解上。
阅读行为：基本阅读行为已经养成，能够保持较长时间的阅读专注力。阅读过程中，遇到理解困难时会反复阅读或喃喃自语。
阅读策略：阅读前，能够根据标题推测文本内容，调动背景知识。阅读过程中，以默读为主，能够有意识地利用汉字的声旁和形旁等线索识别字词，并开始根据汉字组词规则或上下文语境猜测词义。阅读后，能够借助插图，根据角色和情节复述叙事性文本；能够借助插图提炼文中的关键细节，归纳文章大意。

二、读物特征

《国际中文教育中文阅读分级标准》（儿童）三级读物特征详见表 1-7。

表 1-7 《国际中文教育中文阅读分级标准》（儿童）三级读物特征

语言	汉字	• 主要使用《等级标准》一级汉字表中的汉字以及二级汉字表中的高频字。 • 出现少量结构更复杂、笔画更多的合体字，如：题、愿、街。 • 引入更多熟悉的形旁、声旁组成的合体字，如：块、快、骑。出现更多部件变体，如：耳—阝、足—𧾷。 • 出现更多可利用已有汉字知识猜测字义和读音的汉字，如：晴、情、闻。
	词语	• 主要使用《等级标准》一级词汇表中的词语和二级词汇表中的高频词，可根据该年龄段儿童的喜好和读物主题增加一些越级词和超纲词。 • 出现大量高频口语词语。 • 引入部分表达抽象概念的词语。
	句子	• 主要依循《等级标准》语法等级大纲中的一级语法点和二级语法点。 • 句式结构逐渐复杂，句型数量逐渐增加，但相同句型经常重复，如：①——你听清楚老师的话了吗？——我听清楚了。②我越来越喜欢唱歌，她越来越喜欢读书。 • 句长增加，句中有逗号、冒号等标点符号。
	语篇	• 以句子和短篇为主。 • 单页分段。
文本	主题特征	• 贴近读者的主题或与周围环境相关的主题，难度增加，如：动物的栖息地、天气、社区等。 • 培养读者优秀习惯和良好品德的主题，如：友情、勇敢等。
	内容特征	• 大部分内容具体形象，逐步出现简单的抽象概念。 • 人物类型稍有增加，关系逐渐丰富。 • 情节按顺序出现，重复性降低。
	文体特征	• 叙事性文本为主，如：童话故事、第一人称记叙文。 • 非叙事性文本逐渐增多，如：简单的说明文、儿歌、童谣。

（续表）

形式	呈现形式	• 图画书等。
	注音注释	• 全文注音，拼音标注在对应汉字的上方。 • 将生词加粗、画线或标注不同颜色，并对生词进行边注，注释内容包括词性和外文释义。
	插图特点	• 见图知意，有适量插图用以辅助理解并提高文章可读性。 • 色彩丰富，焦点清晰。
	排版形式	• 行距大，字号大（正文汉字通常在22P及以上）。 • 文本与插图的排布方式逐渐丰富。 • 句子可跨行，行数不超过3行。

三、示例

（详见72页）

四级

一、读者特征

■ 读者的年龄及心理特征

中文初中级读者群，年龄为 8—9 岁的小学中年级学生。在思维方面，他们表现出更高的复杂性和灵活性，对抽象概念和复杂思维任务的处理能力有所提升，尤其是随着自我中心思维的减弱，他们开始能够从多个角度考虑问题，思考事情发生背后的原因。对社会规则和道德规范的理解进一步加深，对他人的感受和立场有更为深刻的理解。在语言方面，他们能够更好地理解词汇间的联系，能够理解和使用更为复杂、抽象的词汇，运用多种语法规则和句型，能够讲述或复述简单的故事。

■ 读者的阅读能力表现

《国际中文教育中文阅读分级标准》（儿童）四级读者的阅读能力表现详见表 1–8。

表 1-8 《国际中文教育中文阅读分级标准》（儿童）四级读者的阅读能力表现

阅读认知过程：读者处于阅读发展期，阅读的篇章长度有所增加，能够理解简单的转折、因果等复句。对于大多数高频字词已达到自动化阅读的程度。在句子和短文阅读过程中，逐渐能够在字词识辨和文本理解之间合理分配注意资源，能够阅读浅显、简短的故事，但对于阅读策略和技巧的运用还不太熟练。
阅读行为：在阅读发展期，儿童专注阅读的时间更长，需要继续培养良好的阅读行为，逐渐养成阅读习惯。阅读过程中，会反复阅读感兴趣的主题。
阅读策略：阅读前，能够根据文本标题、主题，联系已有知识和生活经验，想象故事可能包含的内容和结构。阅读过程中，能够熟练地默读文本；能够有意识地根据汉字组词规则或上下文语境猜测词义。阅读后，能够借助插图，根据角色和情节对叙事性文本进行复述，并提炼文中的关键细节，归纳文章大意。

二、读物特征

《国际中文教育中文阅读分级标准》（儿童）四级读物特征详见表1-9。

表1-9 《国际中文教育中文阅读分级标准》（儿童）四级读物特征

语言	汉字	• 主要使用《等级标准》二级汉字表中的汉字。 • 出现更多结构更复杂、笔画更多的合体字，如：熟、静、嘴。 • 继续引入更多熟悉的形旁、声旁组成的合体字，如：护、辆、座。 • 同音字逐渐增多，如："划"和"画"、"计"和"际"。同形字也开始出现，如："花"（鲜花）和"花"（花钱）。
	词语	• 主要使用《等级标准》二级词汇表中的词语，可根据该年龄段儿童的喜好和读物主题增加一些越级词和超纲词。 • 高频词的复现率降低。 • 以口语词语为主，引入部分书面语词语。 • 出现更多表达抽象概念的词语。
	句子	• 主要依循《等级标准》语法等级大纲中的二级语法点。 • 句式结构逐渐复杂，句型数量逐渐增加，不再有意重复，如：①我想去爬山，但是朋友们没有时间；②我先去运动，然后回家。 • 句长灵活多变。 • 句中出现更多类型的标点符号。
	语篇	• 以短篇为主。 • 叙事性文本增加标志词，如：表示时间的词语——不一会儿、当时。
文本	主题特征	• 出现与读者日常生活有一定距离的主题，如：动物的习性。 • 培养读者正确价值观的主题，如：诚信。
	内容特征	• 内容难度增加，出现简单的抽象概念及多元化的观点。 • 人物类型增多，性格单一，关系逐渐丰富。 • 情节很少重复，有的情节起铺垫、烘托的作用。
	文体特征	• 叙事性文本为主，如：童话故事、生活故事、传统故事、人物传记等。 • 非叙事性文本数量继续增多，如：简单的说明文、简单的诗歌（如《一去二三里》[1]）。

---

1 原标题为《山村咏怀》。

（续表）

形式	呈现形式	● 图画书、简单的小剧本等。
	注音注释	● 注音减少，主要对生词注音。 ● 将生词加粗、画线或标注不同颜色，并对生词进行边注，注释内容可包括词性、外文释义和中文释义（控制难度）。
	插图特点	● 见图知意，有适量插图用于辅助理解并提高文章可读性。 ● 色彩丰富，焦点清晰。
	排版形式	● 行距大，字号大（正文汉字通常在 20P 及以上），一些用于提示文本关键信息的文字可加粗、加大，使用斜体或黑体。 ● 文本与插图的排布丰富多样，全书版式统一。 ● 单页分段，同一个句子可跨行，句子数适当增加。

三、示例

（详见 74 页）

五级

一、读者特征

■ 读者的年龄及心理特征

中文初中级读者群，年龄为 10—12 岁的小学高年级学生，他们在思维和语言方面呈现出逐渐增强的复杂性和灵活性。在思维方面，他们开始具备较强的批判性思维能力，能够对信息和观点进行较深入的分析。对亲情、友情关系的理解更为深入，但尚需积极灵活地处理人际关系，因此他们需要成人正确引导。他们解决问题时更加独立、灵活，能够在综合考虑多方面因素后制订相应的解决方案。在语言方面，除了词汇量和语法知识逐步丰富外，他们的语言表达方式也更加多样，并且对语言中的隐喻、暗指有了初步的理解，能够通过各种策略（如联系上下文、猜测等）理解词语和篇章的含义。

■ 读者的阅读能力表现

《国际中文教育中文阅读分级标准》（儿童）五级读者的阅读能力表现详见表 1–10。

表 1–10 《国际中文教育中文阅读分级标准》（儿童）五级读者的阅读能力表现

阅读认知过程：读者仍处于阅读发展期，阅读以篇章为主，篇章长度不断增加，句型也更为复杂，可理解较多类型的复句。对于绝大多数高频字词已达到自动化阅读的程度。对于一些常见的多义词，能够尝试结合语境判断词义。在篇章阅读中，能够阅读比较复杂的故事，并有意识地使用一些阅读策略和技巧帮助理解。
阅读行为：乐于阅读，且对相关阅读主题有所偏好。能够长时间地专注阅读，并初步分享和谈论自己的感受。
阅读策略：阅读前，能够根据文本标题、主题，联系已有知识和生活经验，预先想象出故事可能包含的内容和结构。阅读过程中，能够熟练地默读文本；能够初步根据阅读目的或需求对不同的文本、语段进行精读、略读、跳读等；能够通过压缩句子或寻找句子主干的方式提高阅读速度；能够结合汉字组词规则和上下文语境猜测词义。阅读后，能够根据列举的关键细节，结合角色、情节和背景对叙事性文本进行复述，并能够根据关键细节归纳文章大意，把握主旨；能够通过绘制流程图、思维导图等方式归纳非叙事性文本中的主要内容，把握作者的中心观点。

二、读物特征

《国际中文教育中文阅读分级标准》（儿童）五级读物特征详见表 1-11。

表 1-11 《国际中文教育中文阅读分级标准》（儿童）五级读物特征

<table>
<tr>
<td rowspan="4">语言</td>
<td>汉字</td>
<td>
• 主要使用《等级标准》二级汉字表中的汉字以及三级汉字表中的高频字。
• 出现更多结构更复杂、笔画更多的合体字，如：解、整。
• 出现一些形旁和声旁处于非典型位置的合体字，如：够、瓶。
• 出现更多同音字，如：救和旧、亿和意。同时也出现更多同形字，如：节（节日）和节（一节课）。
</td>
</tr>
<tr>
<td>词语</td>
<td>
• 主要使用《等级标准》二级词汇表中的词语和三级词汇表中的高频词，可根据该年龄段儿童的喜好和读物主题增加越级词和超纲词。
• 高频词的复现率降低。
• 书面语词语增加，出现一些专业词语，如：地球、信用卡。
</td>
</tr>
<tr>
<td>句子</td>
<td>
• 主要依循《等级标准》语法等级大纲中的二级语法点和三级语法点。
• 句式较复杂，句型多样，复句数量逐渐增多。
• 句长灵活多变，平均句长增加。
</td>
</tr>
<tr>
<td>语篇</td>
<td>
• 以短篇为主。
• 叙事性文本关联词（如表递进、转折、因果等关系）增多，如：更、虽然、由于。
• 非叙事性文本结构清晰，有段落中心句，使用标志词体现行文逻辑，如：第一、第二。
</td>
</tr>
<tr>
<td rowspan="3">文本</td>
<td>主题特征</td>
<td>
• 出现与读者日常生活有一定距离的主题以及关乎社会、世界性的主题，如：人与动物、环境保护。
• 培养读者正确价值观的主题，如：合作。
</td>
</tr>
<tr>
<td>内容特征</td>
<td>
• 内容难度增加，出现抽象概念及可供讨论的观点。
• 人物类型多样，性格逐渐丰富，关系多元化。
• 情节较复杂，需联系上下文理解。
</td>
</tr>
<tr>
<td>文体特征</td>
<td>
• 叙事性文本，如：生活故事、传统故事、人物传记和简单的科幻故事等。
• 非叙事性文本数量增多，如：简单的科普文章、简单的诗歌（如《画鸡》）。
</td>
</tr>
</table>

（续表）

形式	呈现形式	● 图画书、日记、小剧本、章节书等。
	注音注释	● 注音减少，主要对生词注音。 ● 将生词加粗、画线或标注不同颜色，并对生词进行边注，注释内容可包括词性、外文释义和中文释义（控制难度）。
	插图特点	● 插图减少，出现扩展性信息，用于辅助理解。 ● 色彩丰富，焦点清晰。
	排版形式	● 行距和字号适当缩小。 ● 文本与插图的排布丰富多样，全书版式统一。 ● 单页段落数、句子数适当增加。

三、示例

（详见 77 页）

六级

一、读者特征

■ 读者的年龄及心理特征

中文初中级读者群，年龄为 10—12 岁的小学高年级学生，他们在思维和语言方面呈现出逐渐增强的复杂性和灵活性。在思维方面，他们开始具备更强的批判性思维能力，能够对信息和观点进行更深入的分析。对亲情、友情关系的理解更为深入，但尚需积极灵活地处理人际关系，因此他们需要成人正确引导。他们解决问题时更加独立、灵活，能够在综合考虑多方面因素后制订相应的解决方案。在语言方面，除了词汇量和语法知识进一步丰富外，他们在语言表达上开始展示出更强的修辞和表达能力，并且对语言中的隐喻、暗指有了更为深入的理解，能够通过各种策略理解词语和篇章的含义。

■ 读者的阅读能力表现

《国际中文教育中文阅读分级标准》（儿童）六级读者的阅读能力表现详见表 1–12。

表 1-12 《国际中文教育中文阅读分级标准》（儿童）六级读者的阅读能力表现

阅读认知过程：读者向熟练阅读早期过渡。多数情况下，字词认读已不再是阅读的主要障碍。能够熟练地根据上下文确认多义词的语境义。在篇章阅读中，能够阅读复杂的故事，并熟练使用一些阅读策略和技巧帮助理解。阅读材料的范围进一步扩大。
阅读行为：阅读更加熟练，开始尝试做简短的笔记，反复阅读感兴趣的读物。阅读后会分享和谈论自己的感受。
阅读策略：阅读前，能够根据文本标题、主题，联系已有知识和生活经验，预先想象出故事可能包含的内容和结构。阅读过程中，能够熟练地默读文本；能够比较熟练地根据阅读目的或需求对不同的文本、语段进行精读、略读、跳读等；能够通过压缩句子或寻找句子主干的方式提高阅读速度；能够熟练地结合汉字组词规则和上下文语境猜测词义。阅读后，能够熟练地根据关键细节，结合角色、情节和背景对叙事性文本进行复述，并能够根据关键细节熟练地归纳文章大意，把握主旨；能够通过绘制流程图、思维导图等方式归纳非叙事性文本中的主要内容，把握作者的中心观点。

二、读物特征

《国际中文教育中文阅读分级标准》（儿童）六级读物特征详见表1-13。

表 1-13 《国际中文教育中文阅读分级标准》（儿童）六级读物特征

语言	汉字	• 主要使用《等级标准》三级汉字表中的汉字。 • 出现大量结构复杂、笔画多的合体字，如：舞、赢。 • 出现更多形旁和声旁处于非典型位置的合体字，如：基、恐。 • 出现更多同形字，如：升（升旗）和升（一升）。
	词语	• 主要使用《等级标准》三级词汇表中的词语，可根据该年龄段儿童的喜好和读物主题增加越级词和超纲词。 • 书面语词语继续增加，复杂的专业词语较多，如：海关、互联网。 • 有些词语在文本中体现的是修辞义或隐含义，如：他是一个有温度的人。
	句子	• 主要依循《等级标准》语法等级大纲中的三级语法点。 • 句式复杂，句型丰富，复句数量增多。 • 句长灵活多变。
	语篇	• 以短篇为主。 • 叙事性文本关联词（如表递进、转折、因果等关系）增多，如：不仅、不过、因此。 • 非叙事性文本结构清晰，有段落中心句，使用多种标志词体现行文逻辑，如：首先、然后。
文本	主题特征	• 出现与读者日常生活有一定距离的主题以及关乎社会、世界性的主题，如：动物的生存环境、时代变迁。 • 青春期读者感兴趣的主题，如：科幻、冒险等。 • 培养读者正确价值观的主题，如：自尊。
	内容特征	• 内容难度增加，包含抽象概念，具有跨文化的特点。 • 人物类型多样，性格鲜明且富有变化，关系多元化。 • 情节跌宕曲折，需联系上下文理解。
	文体特征	• 叙事性文本，如：生活故事、传统文学、人物传记、简单的科幻故事和冒险故事等。 • 非叙事性文本数量增多，如科普文章、诗歌〔如《草》（《赋得古原草送别》节选）〕。

（续表）

形式	呈现形式	● 图画书、小剧本、章节书等。
	注音注释	● 主要对生词注音。 ● 将生词加粗、画线或标注不同颜色，并对生词进行边注，注释内容可包括词性和中文释义（控制难度），必要时可加上例句。
	插图特点	● 插图减少，出现辅助理解象征意义的插图。 ● 色彩丰富，可有极少量黑白插图。
	排版形式	● 行距和字号比常规的（12P）略大。 ● 文本与插图的排布丰富多样，全书版式统一。 ● 单页段落数、句子数适当增加。

三、示例

（详见 79 页）

国际中文教育 中文阅读分级标准

（青少年）

设计思路和编写框架说明

在全面考察青少年读者（12—18 岁）年龄特征和心理特征的基础上，《国际中文教育中文阅读分级标准》（青少年）分为 7 个等级，每一级的难度与《国际中文教育中文水平等级标准》（以下简称《等级标准》）的对应情况详见表 2-1：

表 2-1 《国际中文教育中文阅读分级标准》（青少年）级别与《等级标准》级别对应情况

《国际中文教育中文阅读分级标准》（青少年）级别	《等级标准》级别
一级	一级
二级	一 — 二级
三级	二 — 三级
四级	三 — 四级
五级	四 — 五级
六级	六级
七级	七 — 九级

本阶段"读者特征"中的"读者的年龄及心理特征"只做整体描述，各等级不再分述。本阶段各等级均包含"读者特征：读者的阅读能力表现""读物特征"和"示例"三大板块。"读者特征：读者的阅读能力表现"关注各阶段读者的阅读认知过程、阅读行为和阅读策略；"读物特征"分语言、文本和形式三个维度，详细描述各级读物所应具备的典型特征；"示例"则提供了符合不同级别读物特征描述的阅读材料样例。三者互为补充，一方面对读者的阅读能力进行准确定位，另一方面对读物特征进行分级描述并提供参照示例，以有效指导国际中文分级阅读的开展与实施。

■ **读者特征：读者的年龄及心理特征**

本阶段读者群为 12—18 岁的中学生。他们在生理上开始逐步进入青春期，身体形态发生显著变化的同时，认知能力和社会性也在快速发展。整个青春期六年，学生的逻辑思维能力会稳步提升，抽象符号学习能力会明显增强；而且他们的自我意识也会快速发展，个性倾向性开始逐步形成，开始关注同伴关系。其中，12—13 岁学生处于青春前期，即儿童期与青春期的交叉阶段；此时他们的思维能力虽然发展很快，但知识经验、心理品质方面依然保留着一些儿童期的特点。13—14 岁学生逐步进入典型青春期，其观察力、思维能力、意志力都有显著提升，学习能力进步非常明显；此时部分学生自我意识开始迅速发展，情绪起伏变化明显，逐步进入叛逆期。14—15 岁学生处于青春中期，他们的认知能力进一步成熟，意志力和自制力也逐渐发展起来，个性倾向性开始显现；此时他们格外关注同伴发展，渴望来自同伴的认可和友谊。15—16 岁学生进入青春中后期，他们的认知能力和各项社会性均稳步发展，情绪控制能力有所提高。16—17 岁学生进入青春后期，他们的认知能力再次明显提升，学习能力显著增强；与此同时，个体的自我意识和个性倾向性得到显著发展，情绪稳定性和意志力明显提高。17—18 岁学生进入青春后期和成年早期，他们的学习能力和认知能力开始接近成年人，个性逐步形成，情绪开始走向稳定。

一级

一、读者特征：读者的阅读能力表现

《国际中文教育中文阅读分级标准》（青少年）一级读者的阅读能力表现详见表 2-2。

表 2-2 《国际中文教育中文阅读分级标准》（青少年）一级读者的阅读能力表现

阅读认知过程：读者处于中文阅读入门阶段，开始阅读汉语拼音与汉字混合的文本。此时阅读以简单的词语、句子、段落和对话为主，能够初步掌握读物中核心单词及句子的意义，能够初步掌握汉语拼音系统，开始对汉字字形有初步的感知与辨识能力。
阅读行为：能够在教师的帮助下朗读拼音形式的中文文本以及拼音和汉字混合的文本；开始对阅读中文读物感兴趣，愿意和他人交流读物内容。
阅读策略：能够根据词语空格或最核心的基础词语逐字逐句阅读，适当断句；开始能够通读简单的文本；能够借助图片、标题等获取文本信息，帮助文本理解，并进行非常简单的故事复述。

二、读物特征

《国际中文教育中文阅读分级标准》（青少年）一级读物特征详见表 2-3。

表 2-3 《国际中文教育中文阅读分级标准》（青少年）一级读物特征

语言	汉字	<ul><li>优先使用《等级标准》中的一级汉字，单篇文本中一级汉字比例不低于 80%。</li><li>优先使用音节结构简单的字，如：妈、不。</li><li>字形简单，形义关系明晰易识。适当引入具有形旁、声旁功能的独体字，如：山、口。</li><li>优先使用构词能力强的字，如：电、国。</li></ul>
	词语	<ul><li>优先使用《等级标准》一级词汇表中的词语。越级词比例一般不超过 10%，超纲词比例一般不超过 5%。</li><li>引入与青少年日常生活密切相关的高频词，包括表示家庭成员、日常饮食等基本概念的词语。表示数量时，主要使用名量词。</li><li>句中多义词优先使用其常用义，如："本子"，可用于"买本子"（"册子"义）中。</li></ul>

（续表）

语言	句子	• 句子简短，长度多为 3—5 个词。 • 主要依循《等级标准》语法等级大纲中的一级语法点。句子结构简单，句型重复率高，出现"是"字句（表示等同或类属、表示说明或特征、表示存在）、"有"字句（表示领有、表示存在）、简单比较句等。 • 以单句为主，避免出现多重复句。
	语篇	• 单篇短文一般不超过 100 字。 • 叙事方法简单，人物关系明确。称谓用语简单，指代一致性高。 • 句子之间的逻辑关系清晰。
文本	主题特征	• 12 岁左右读者熟悉的领域、感兴趣的主题，如：家庭生活、校园生活、亲情、友情等。
	内容特征	• 话题广泛，内容具体。人物关系简单。 • 可引入少量跨文化元素，如：不同的食物、服饰、文化习俗等。
	文体特征	• 比较简单的对话、短文等，如：关于现实生活的叙述性文本，广告、菜单、时刻表等说明性文本。
形式	呈现形式	• 配图小短文、图画书、摄影集等。
	注音注释	• 正文全部注音，拼音标注在对应汉字的上方。 • 按照《汉语拼音正词法基本规则》进行分词连写，便于读者把握汉语特点。 • 将生词加粗 、画线或标注不同颜色；对生词、难词进行注释，如：词义提示或翻译。
	插图特点	• 色彩丰富，焦点清晰，画面生动、活泼。 • 图文一致。 • 通过插图能够辨认出基本的场景、情境、角色，能够猜测文本内容。
	排版形式	• 行距大，字号大。 • 文字和图片分别排版，全书版式统一。 • 正文添加分段标记。

三、示例

（详见 83 页）

二级

一、读者特征：读者的阅读能力表现

《国际中文教育中文阅读分级标准》（青少年）二级读者的阅读能力表现详见表 2-4。

表 2-4 《国际中文教育中文阅读分级标准》（青少年）二级读者的阅读能力表现

阅读认知过程：读者处于中文阅读初级阶段早期，开始对中文阅读文本产生熟悉感，能够较为熟练地阅读拼音和汉字混合的文本。阅读以情境性和故事性较强的各类短文、对话为主，能够理解的句子、段落和对话长度开始有所增加，开始能够有效学习读物中高频词语及句子的意义。开始对高频常用汉字有一定的感知与辨识能力，初步具备了分析汉字结构的能力。
阅读行为：开始能够独立朗读拼音形式的中文文本；能够主动尝试阅读文意浅显的全汉字形式的中文读物；开始体会到全汉字文本阅读的愉悦感；能够较为持续地进行阅读，愿意和他人交流、讨论读物内容。
阅读策略：能够利用目录、生词表、图片、表格等帮助理解词义，获取文本信息；能够通读文本，对不理解的地方进行思考或重复阅读；能够简单复述文本主要内容。

二、读物特征

《国际中文教育中文阅读分级标准》（青少年）二级读物特征详见表 2-5。

表 2-5 《国际中文教育中文阅读分级标准》（青少年）二级读物特征

语言	汉字	<ul><li>优先使用《等级标准》中的一——二级汉字，单篇文本中一——二级汉字比例不低于85%。</li><li>优先使用音节结构简单的字，如：头、饱。</li><li>适当引入具有形旁、声旁功能的常见独体字，如：火、才。引入利用偏旁部首可推断其含义的合体字，如：晨、眼。</li><li>优先使用构词能力强的字，如：色、心。</li></ul>
	词语	<ul><li>优先使用《等级标准》一——二级词汇表中的词语。越级词比例一般不超过10%，超纲词比例一般不超过5%。</li><li>引入与青少年日常生活密切相关的高频词，包括表示天气、个人感受等基本概念的词语。表示数量时，可引入动量词、时量词。</li><li>句中多义词优先使用其具体、常用的意义，如："凉"，可用于"天气转凉"（"温度低"义）中。</li></ul>

（续表）

语言	句子	• 句子简短，长度多为 3—7 个词。 • 主要依循《等级标准》语法等级大纲中的一——二级语法点。句子结构简单，句型较为多样，可引入"是……的"句、存现句、"有"字句（表示评价、表示比较）、连动句（表示动作先后发生）等。 • 句中可出现修饰、限制性成分，一些句子中可出现介词短语，引出对象、原因等，如：她对朋友非常热情。 • 以单句为主，可出现关系简单的一重复句，包括个别紧缩复句。
	语篇	• 单篇短文一般不超过 150 字。 • 叙事方法简单，人物关系明确。称谓用语简单，指代一致性较高。 • 句子之间的逻辑关系清晰。
文本	主题特征	• 12—13 岁左右读者熟悉的领域、感兴趣的主题，如：家庭生活、校园生活、成长的烦恼、科幻、冒险等。
	内容特征	• 话题广泛，内容具体，情感细腻，情节简单。 • 人物关系简单，描述对象明确。 • 探索更多的文化差异，如：不同国家、民族的生活方式、传统习俗的差异等。
	文体特征	• 篇幅短小、语言简单的文本，如：童话故事、寓言故事、成语典故等叙述性文本；歌谣、简短的诗歌等有韵律的文本；留言条、短信息等应用性文本。
形式	呈现形式	• 图画书、日记和日志、摄影集等。
	注音注释	• 正文全部注音，拼音标注在对应汉字的上方。 • 按照《汉语拼音正词法基本规则》进行分词连写，便于读者把握汉语特点。 • 将生词加粗、画线或标注不同颜色；对生词、难词进行注释，如：词义提示或翻译。
	插图特点	• 色彩丰富，焦点清晰，画面生动、活泼。 • 图文一致。 • 通过插图能够辨认出基本的场景、情境、角色，能够猜测文本内容。
	排版形式	• 行距大，字号大。 • 文字和图片分别排版，全书版式统一。 • 正文添加分段标记。

三、示例

（详见 85 页）

三级

一、读者特征：读者的阅读能力表现

《国际中文教育中文阅读分级标准》（青少年）三级读者的阅读能力表现详见表 2-6。

表 2-6 《国际中文教育中文阅读分级标准》（青少年）三级读者的阅读能力表现

阅读认知过程：读者处于较为典型的中文阅读初级阶段，开始习惯阅读全汉字形式的中文文本，开始积累汉字形式的高频常用词语；阅读篇章的长度进一步增加，能够有效积累读物中的高频词语，掌握某些复句的逻辑语义关系。开始具备一定的汉字形旁和声旁知识，开始能够根据上下文猜测不认识的高频词语的意义。
阅读行为：能够以适当的语速、语调独立进行朗读；能够主动阅读感兴趣的全汉字形式的中文读物，对文本信息进行简单分类、对比；开始能够思考作者的意图；能够针对文本某一话题或事实发表简单评论，乐于与他人分享和交流。
阅读策略：能够使用自主默读、略读、跳读等阅读方法理解文本；能够根据句子含义进行恰当的重读和断句，能够自我纠错；能够对文本相关故事情节、人物特点等进行推断与预测；能够复述文本主要内容。

二、读物特征

《国际中文教育中文阅读分级标准》（青少年）三级读物特征详见表 2-7。

表 2-7 《国际中文教育中文阅读分级标准》（青少年）三级读物特征

语言	汉字	• 优先使用《等级标准》中的一——三级汉字，单篇短文中一——三级汉字比例不低于 90%。 • 引入一些音节结构复杂的字，如：连、访。 • 引入一些部件变体，如：火—灬（烈）、衣—衤（衫）。出现更多可利用偏旁部首猜测意义和读音的合体字，如：简、群。 • 优先使用构词能力强的字，如：美、性。
	词语	• 优先使用《等级标准》一——三级词汇表中的词语。越级词比例一般不超过 8%，超纲词比例一般不超过 8%。 • 引入较多表示抽象概念的高频词。出现一些表达传统食物、服装的常见文化词，如：炒饭、唐装。出现一些熟语，如：人山人海。使用一些同义词及反义词。 • 句中多义词优先使用其具体、常用的意义，如："背后"，可用于"山背后"（"后面"义）中。

（续表）

语言	句子	<ul><li>句子较为简短，长度多为 4—9 个词。</li><li>主要依循《等级标准》语法等级大纲中的一——三级语法点。可引入"把"字句（表示处置）、"被"字句、兼语句、连动句（前一动作是后一动作的方式）等句型。</li><li>句中常见修饰、限制性成分。可出现多种固定短语、固定格式，如：除了……（以外），……还/也/都……。可出现一些离合词用法。</li><li>可出现不同意义类型的一重复句，句间关系包括顺承、并列、递进、转折、选择、假设等。</li></ul>
	语篇	<ul><li>单篇短文一般不超过 250 字。</li><li>叙事方法简单，人物关系明确。指代手段多样性增加。</li><li>句子、段落之间的逻辑关系清晰。</li></ul>
文本	主题特征	<ul><li>13—14 岁左右读者熟悉的领域、感兴趣的主题，如：青春期的困惑、亲情和友情、旅行生活、奇幻探险等。</li><li>有关社会热点问题的主题，如：环境、科技、教育等。</li></ul>
	内容特征	<ul><li>话题广泛，情感细腻。</li><li>人物关系较为简单，人物形象丰满。</li><li>表现人与社会的诸多方面，从多个维度描述一个问题。</li><li>探索更多的文化差异，如：不同国家、民族的生活方式，传统习俗的差异等。</li></ul>
	文体特征	<ul><li>用日常语言编写、篇幅较长、结构清晰的文本，如：人物传记、民间故事、历史故事等叙述性文本，宣传小册子、简单书信、新闻报道等信息性文本。</li></ul>

（续表）

形式	呈现形式	● 观察手记、新闻报刊、人物传记、故事集等。
	注音注释	● 对部分难词进行注音，拼音标注在对应汉字的上方。 ● 将生词加粗，对生词、难词进行注释，如：词义提示或翻译。
	插图特点	● 画面丰富、清晰，色彩趋于平实，焦点更加突出。 ● 可包含具体的场景信息和文化元素。 ● 图文一致。 ● 通过插图能够辨认出基本的情境、角色，理解文本蕴含的基本情感和氛围。
	排版形式	● 行距和字号适当缩小。 ● 文字和图片分别排版，全书版式统一。 ● 正文可添加分段标记。

三、示例

（详见 87 页）

四级

一、读者特征：读者的阅读能力表现

《国际中文教育中文阅读分级标准》（青少年）四级读者的阅读能力表现详见表2-8。

表 2-8 《国际中文教育中文阅读分级标准》（青少年）四级读者的阅读能力表现

阅读认知过程：读者处于中文阅读的中级阶段早期。中文心理词典初具规模，积累了一定量的中文中高频常用词语，开始能够在语境支持下利用生词表辅助进行全汉字形式中文文本的阅读，阅读内容逐渐丰富。能够有效学习读物中的部分长句，开始能够根据形旁和声旁猜测汉字的意义和读音。能够在无语环境条件下识别高频常用汉字，开始能够根据语境猜测超纲词语的意义。能够运用基本常识进行初步的文本语义推理，开始将阅读时学习到的概念和知识运用于真实世界中。
阅读行为：对中文阅读有较浓厚的兴趣，初步形成自己的阅读习惯；能够较为流利、专注地朗读，开始喜欢默读；能够主动进行与文本的互动，乐意与他人就中文文本中包括文化在内的相关问题进行讨论。
阅读策略：能够使用略读、精读、浏览等阅读方法理解文本，能够结合上下文和常识推断文本中词句的含义，能够总结或复述文本中的部分内容，能够利用图书馆、网络等媒介搜集与文本相关的信息和资料。

二、读物特征

《国际中文教育中文阅读分级标准》（青少年）四级读物特征详见表2-9。

表 2-9 《国际中文教育中文阅读分级标准》（青少年）四级读物特征

语言	汉字	• 优先使用《等级标准》中的一——四级汉字。 • 出现更多音节结构复杂的字，如：纯、兄。 • 引入各类合体字，如：货、厘。 • 引入常见多音字，如：薄（báo、bó）。
	词语	• 优先使用《等级标准》一——四级词汇表中的词语。越级词比例一般不超过8%，超纲词比例一般不超过 8%。 • 引入更多表示抽象概念的高频词。出现一些表达节日习俗、文化名人的常见文化词，如：春联、孔子。出现一些熟语。出现一些专有名词，如：上海。 • 句中多义词优先使用其具体、常用的意义，避免出现转义。如："台阶"，可用于"站到台阶上"（"供人上下的构筑物"义）中，避免用于"找个台阶下"（"摆脱僵局的机会"义）中。
	句子	• 长短句结合，句子长度多为6—11 个词。 • 主要依循《等级标准》语法等级大纲中的一——四级语法点。可引入较为复杂的存现句、兼语句等句型，如：院子里搬走了一些人（存现句）、老师表扬他帮助同学（兼语句）。 • 句中可出现多层定语以及多种类型的固定短语、固定格式，如：连……也／都……。个别固定短语具有观点引入或解释功能。可引入各类情态表达手段。可出现各类离合词用法。 • 复句的意义类型较为丰富，可引入让步复句。
	语篇	• 单篇短文一般不超过 350 字。 • 叙事结构清晰，人物关系较为明确。指代手段多样性增加。 • 句子、段落之间的逻辑关系清晰。
文本	主题特征	• 14—15 岁左右读者感兴趣的主题，如：爱与责任、学业压力、自我认同、人生规划、悬疑推理、科学探秘等。 • 有关社会、历史以及世界性议题的主题，如：社会公平、贫困、战争、环境等。
	内容特征	• 话题广泛，情感细腻，内容具有一定的深度和思辨性。 • 注重运用逻辑思维，体现看待问题的不同角度。 • 可出现多组人物关系，人物性格多元。 • 探讨不同文化交流的机制和效果。
	文体特征	• 用日常语言编写、篇幅较长、结构清晰的文本，如：描绘大自然、表现人类美好情感的诗歌、散文，反映自然、生活、科技等方面的科普作品，参观访问记、考察报告等实用性文体。

（续表）

形式	呈现形式	● 科普杂志、短小的诗集、散文集、新闻报道、考察报告等。
	注音注释	● 对部分难词进行注音，拼音标注在对应汉字的上方。 ● 不再单独标注生词，采用文后加注的方式归纳生词并提供解释。
	插图特点	● 画面清晰，焦点突出，色彩平实，避免过度吸引读者注意。 ● 可包含较为复杂的场景信息和文化元素。 ● 图文一致。 ● 通过插图能够理解文本蕴含的基本情感和氛围，以及一些基本的文化背景。
	排版形式	● 行距适中，字号适中。 ● 文字与图片不必分别排版，可采用图片衬于文字下方等形式。 ● 正文不再添加分段标记。

三、示例

（详见 88 页）

五级

一、读者特征：读者的阅读能力表现

《国际中文教育中文阅读分级标准》（青少年）五级读者的阅读能力表现详见表 2-10。

表 2-10 《国际中文教育中文阅读分级标准》（青少年）五级读者的阅读能力表现

阅读认知过程：读者处于典型的中文阅读中级阶段，中文心理词典开始在中频词水平上加速扩展，愿意尝试较为广泛的各类文本阅读，阅读过程开始具有初步的流畅性。具备根据中文复合词结构猜测词义的能力，对汉语中的多音字和多义字具备了初步的识别能力；能够根据语境进行文本语义推理，能够对部分超纲词实现随文理解。能够辨识常见文本材料的语篇结构；能够对长难句进行初步的句法分析，理解段落大意。逐渐能够有意识地将阅读内容中的概念运用于真实世界中。
阅读行为：能够较为熟练地进行中文文本朗读和默读，能够与文本展开较为丰富的互动；能够主动选择阅读报纸、杂志新闻等信息类文本；能够以口头或书面形式表达自己的阅读思考，并愿意与他人交流讨论。
阅读策略：能够依据不同的阅读目的，选择使用跳读、速读、查找信息等阅读方法；能够借助工具书等帮助理解生词；开始能够运用已有知识进行信息查找；能够初步复述并总结文本的基本内容。

二、读物特征

《国际中文教育中文阅读分级标准》（青少年）五级读物特征详见表 2-11。

表 2-11 《国际中文教育中文阅读分级标准》（青少年）五级读物特征

语言	汉字	• 优先使用《等级标准》中的一——五级汉字。 • 引入一些具有文化内涵的会意字、形声字，如：拜、德。
	词语	• 优先使用《等级标准》一——五级词汇表中的词语。越级词比例一般不超过 5%，超纲词比例一般不超过 8%。 • 词语丰富度较高。出现一些表达文化名人、文学经典的常见文化词，如：秦始皇、《三国演义》。出现一些熟语。出现较多专有名词。出现一些新词新语，如：支付宝。 • 句中多义词可出现修辞义或抽象义，如："她在这次活动中的表现十分风光"中的"风光"表示"光彩、体面"义。

语言	句子	• 长短句结合，句子长度多为 8—13 个词。 • 主要依循《等级标准》语法等级大纲中的一—五级语法点。可引入较为复杂的比较句等，如：跟上次考试相比，这次没有那么难。可引入复杂的连动句，如：她有办法解决这个问题。 • 句中可出现多项状语。补语类型多样，如：她气得说不出来话。固定短语、固定格式较为丰富，情态表达手段较为丰富。 • 句间关系丰富多样，可引入二重复句。
	语篇	• 单篇短文一般不超过 500 字。 • 叙事结构或论述结构条理分明。单篇短文可包含多个主题。不同代词可相间使用。 • 可出现多种连词或衔接手段。
文本	主题特征	• 15—16 岁左右读者感兴趣的主题，如：情绪管理、自我发现、人生历程、奇幻冒险等。 • 有关社会问题以及世界性议题的主题，如：世界历史、战争、环境、科学发展、政治制度、国际关系等。
	内容特征	• 话题广泛，情节相对复杂，内容具有一定的深度和思辨性，如：通过比较、推断、质疑、讨论等方式梳理观点、事实与材料及其关系。 • 可出现多组人物关系，人物性格多元。 • 探讨全球化背景下的文化互动、文化认同，如：全球化趋势对传统文化的影响、文化多元化的现状和面临的挑战等。
	文体特征	• 用日常语言描写、篇幅较长的文本，如：表现社会生活的小小说、科幻作品、人物传记，蕴含中华优秀传统文化的历史故事、古今寓言、神话传说等。 • 出现专业性文本，如人文地理、百科知识等信息性文本或观察手记、说明书等实用性文本。

（续表）

形式	呈现形式	• 书信、短篇小说集、人物传记、神话故事集、文化地理杂志、说明书等。
	注音注释	• 对少数难词进行随文注音，文后释义。
	插图特点	• 图片丰富、清晰，可包含较复杂的场景信息和文化元素。 • 适当降低与内容的关联度，增加一些辅助性图表。 • 读者通过插图能够理解文本的深层含义。
	排版形式	• 行距缩小，字号适当缩小。 • 文字和图片不再分别排版，辅助性插图可嵌入文字内部。

三、示例

（详见 90 页）

六级

一、读者特征：读者的阅读能力表现

《国际中文教育中文阅读分级标准》（青少年）六级读者的阅读能力表现详见表 2–12。

表 2-12 《国际中文教育中文阅读分级标准》（青少年）六级读者的阅读能力表现

阅读认知过程：读者处于中文阅读的高级阶段早期，中文心理词典开始在中频词和低频词两个水平上加速扩展，阅读过程开始具有一定的流畅性和准确性。具备根据中文复合词结构猜测词义的能力，能够较为熟练地处理多音字和多义字；能够根据语境较为流畅地进行文本语义推理，理解超纲词语的意义。能够对语篇结构进行初步分析，对长难句的理解开始具有一定的准确性，能够较为熟练地将阅读内容中的概念运用于真实世界中。
阅读行为：能够较为流畅地进行中文文本朗读和默读，开始能够边阅读边记录要点；能够为获取知识而主动阅读各类文本；愿意与他人分享阅读体验，讨论观点，评价读物。
阅读策略：能够较为熟练地使用跳读、速读、略读、精读、浏览等阅读方法查找信息、概括要点，并开始能够对文本内容进行概述；能够研究图文等组合材料并使用其中的信息帮助文本理解。

二、读物特征

《国际中文教育中文阅读分级标准》（青少年）六级读物特征详见表 2–13。

表 2-13 《国际中文教育中文阅读分级标准》（青少年）六级读物特征

语言	汉字	• 优先使用《等级标准》中的一——六级汉字。 • 引入更多具有文化内涵的形声字，如：祥、牲。
	词语	• 优先使用《等级标准》一——六级词汇表中的词语。越级词比例一般不超过 5%，超纲词比例一般不超过 10%。 • 词语丰富度较高。出现更多熟语。出现更多专有名词。出现更多新词新语。 • 句中多义词可出现修辞义或抽象义，如："现在是早高峰"中的"高峰"表示"事物发展的最高点"义。

（续表）

语言	句子	● 长短句结合，句子长度多为 10—15 个词。 ● 主要依循《等级标准》语法等级大纲中的一——六级语法点。可出现结构较为复杂的句子，句型、句式多样。可引入复杂的"把"字句（表示致使）等，如：他把爸爸气得一夜没睡。 ● 固定短语、固定格式类型及数量较为丰富，情态表达手段丰富。 ● 句间关系丰富多样，可引入复杂的比较关系、因果关系等。
	语篇	● 单篇短文一般不超过 800 字。 ● 可出现多样化叙事结构或论述结构。单篇短文可包含多个主题及次主题。称谓用语多样化，指代手段多样化。 ● 连词丰富，衔接手段多样。
文本	主题特征	● 16—17 岁左右读者感兴趣的主题，如：家庭问题、职业问题、社会问题以及世界重要议题（如战争、环境、人类面临的困境等）。 ● 中华优秀传统文化主题、名人传记等。
	内容特征	● 话题广泛，内容丰富，情节复杂，具备较多的历史文化背景知识和较为宏大的视角。 ● 注重运用逻辑思维、辩证立场辨别是非、善恶、美丑。 ● 可出现较为复杂的人物关系，人物性格复杂、多元。 ● 探讨全球化背景下的文化互动，如：文化认同、文化冲突。探讨文化冲突的根源和解决策略等。
	文体特征	● 篇幅较长的文学性、专业性文本，如：小说、诗歌、散文、影视作品脚本，以及表达观点的评论性文章。 ● 蕴含中华优秀传统文化的历史故事、古今寓言、神话传说等。
形式	呈现形式	● 小说、诗歌、散文、影视剧脚本、新闻评论、文化地理杂志等。
	注音注释	● 对少数难词、文化词语进行随文注音，文后释义。
	插图特点	● 色彩朴实，焦点突出，可以实景摄影为主。 ● 图片丰富、清晰，可包含较为复杂的场景信息和文化元素，以及一些辅助性图表。 ● 通过插图能够理解文本中的隐喻、比喻和文化背景。
	排版形式	● 行距缩小，字号缩小。 ● 文字和图片不再分别排版，辅助性插图可嵌入文字内部。

三、示例

（详见 92 页）

七级

一、读者特征：读者的阅读能力表现

《国际中文教育中文阅读分级标准》（青少年）七级读者的阅读能力表现详见表 2-14。

表 2-14 《国际中文教育中文阅读分级标准》（青少年）七级读者的阅读能力表现

阅读认知过程：读者处于中文阅读高级阶段，中文心理词典日渐成熟，能够快速自动进行汉语词语的形音、形义提取；能够流畅、准确地阅读题材广泛的各类文本，中文阅读能力日渐坚实。具备准确猜测词义的能力，能够快速获取段落大意、理解语篇意图。能够下意识地进行语篇结构分析，流畅理解长难句；能够熟练地将阅读内容中的概念运用于真实世界中，进行较为深入的思考和运算操作。
阅读行为：能够自动流畅地进行中文文本朗读和默读，能够在快速阅读中记录要点，能够通过中文阅读增长知识，能够较为深入地讨论读物内容、对读物进行评价。
阅读策略：能够熟练使用跳读、速读、查找信息等阅读方法进行阅读；能够较为快速地概括或概述阅读文本的要点；能够较为熟练地使用各种策略查找信息，进行图文等综合信息的理解。

二、读物特征

《国际中文教育中文阅读分级标准》（青少年）七级读物特征详见表 2-15。

表 2-15 《国际中文教育中文阅读分级标准》（青少年）七级读物特征

语言	汉字	<ul><li>优先使用《等级标准》中的一——六级汉字，适当引入七—九级中的汉字。</li><li>字形结构多样。</li></ul>
	词语	<ul><li>优先使用《等级标准》一——九级词汇表中的词语。超纲词比例可超过10%。</li><li>词汇丰富、多样，以适应不同文类和语体特点。如：在戏剧剧本中，使用生动的口语词语；在议论文或其他信息类文本中，使用更多专业词语。</li><li>句中多义词可出现修辞义或较难的抽象义，如："他有把柄被我抓住了"中的"把柄"表示"被人攻击的过失"义。</li></ul>

（续表）

语言	句子	• 句子长度多样。 • 主要依循《等级标准》语法等级大纲中的——九级语法点。可出现结构复杂的句子，句型、句式多样。 • 固定短语、固定格式类型及数量丰富。 • 可出现多种复杂句间关系，可引入解说复句，以及三重或三重以上的复句。
	语篇	• 叙事结构或论述结构多样化。单篇短文可包含多个主题及次主题。称谓用语多样化，指代手段多样化。 • 连词丰富，衔接手段多样。
文本	主题特征	• 17—18岁左右读者感兴趣的各类主题，如：大学生活、社会问题、世界重要议题或具有争议性的主题（如战争、环境、人类面临的困境等）。 • 有关成年人的话题，如：家庭问题、情感问题、职业问题等。
	内容特征	• 话题广泛，情节复杂，需要读者具备较丰富的历史文化背景知识和宏大的视角。 • 文本信息量大，需要仔细研读。 • 可出现复杂的人物关系、复杂的人物性格。 • 探讨全球化时代的文化交融和文化认同的复杂性，分析文化多样性对社会和个体生活的影响。
	文体特征	• 经典、有深度的文学性文本，如：优秀的小说、诗歌、散文、戏剧等。 • 思辨性的、结构复杂的议论性文章，如：时事评论、论文等。
形式	呈现形式	• 小说、诗歌、散文、话剧等文学作品。 • 人文地理杂志、科普读物、时事评论等。
	注音注释	• 正文不再注音，对部分难词进行文后注音、释义。
	插图特点	• 图片丰富、清晰，可包含复杂的场景信息和文化元素，以及一些辅助性图表。 • 通过插图能够理解文本中的隐喻、比喻和复杂的文化背景。
	排版形式	• 行距缩小，字号缩小。 • 根据文本情况，采用灵活多样的图文排版形式。

三、示例

（详见95页）

国际中文教育
中文阅读分级标准

设计思路和编写框架说明

　　本阶段读者群主要为 18 岁及以上的成年人。基于成人阶段读者的年龄及心理特征,《国际中文教育中文阅读分级标准》(成人)分为三等九级,其中一—三级、四—六级、七—九级分别对应《国际中文教育中文水平等级标准》(以下简称《等级标准》)的初等、中等和高等水平(高等七—九级内部不再具体分级描述)。

　　《国际中文教育中文阅读分级标准》(成人)各级别与《等级标准》的对应情况详见表 3-1:

表 3-1　《国际中文教育中文阅读分级标准》(成人)级别与《等级标准》级别对应情况

《国际中文教育中文阅读分级标准》(成人)级别		《等级标准》级别	
初等	一级	初等	一级
	二级		二级
	三级		三级
中等	四级	中等	四级
	五级		五级
	六级		六级
高等	七 — 九级	高等	七 — 九级

　　本阶段"读者特征"中的"读者的年龄及心理特征"只做整体描述,各等级不再分述。本阶段各等级均包括"读者特征:读者的阅读能力表现""读物特征"和"示例"三大板块。"读者特征:读者的阅读能力表现"对各阶段读者的阅读认知过程、阅读行为和阅读策略进行了描述;"读物特征"下设语言、文本和形式三个维度,对各级读物所应具备的典型特征进行了描述;"示例"则提供了符合不同级别读物特征描述的阅读材料样例,供分级读物编写者参考。三者互为补充,在对各水平段读者的阅读能力进行定位的基础上,提供对应的读物特征,并提供参照示例。本标准从读者的阅读能力、读物分级和示例多个层面,为中文分级阅读水平的测定、分级读物的研发及评估提供指导性参考。

■ 读者特征：读者的年龄及心理特征

本阶段读者群为 18 岁及以上的成年人。他们的年龄及心理特征为：心智成熟，具有抽象思维和逻辑思维能力，也具有一定的批判性思维，已经形成了自己独特的学习风格，有明确的学习和阅读动机，能够借助第一语言学习第二语言。同时，他们乐于借助第二语言阅读，体验多元文化，获取不同的人生经验，以丰富自己的精神生活，提升自己对世界的认识，并注重从阅读中学习解决现实问题的能力。

初等

一级

一、读者特征：读者的阅读能力表现

《国际中文教育中文阅读分级标准》（成人）一级读者的阅读能力表现详见表 3-2。

表 3-2 《国际中文教育中文阅读分级标准》（成人）一级读者的阅读能力表现

阅读认知过程： 具有认读基础汉字的能力，能够识别印刷体汉字或书写规范的手写体汉字，能够辨认基础词汇，具备基本的正字法和构词法知识。通过解码文字信息，能够初步形成对文本内容的感知和理解。
阅读行为： 能够借助图片、拼音等，读懂涉及本级话题任务内容的、语法不超出本级范围的文本材料，识别词义、句义及其基本结构，阅读速度不低于 80 字 / 分钟。能够概括文本的主要内容，查找基本信息，并能够进行简单推理和归纳。如：能够识别日常生活中最常见的标识，能够从简单的便条、表格、地图中获取最基本的信息。能够根据自己的兴趣、需求或学习目的挑选合适的文本，能够持续阅读故事情节简单、篇幅较短的叙述性文本。能够预先了解一些背景知识，愿意与他人交流感兴趣的文本内容。
阅读策略： 阅读的注意力主要集中在字词的识别上，能够借助拼音、插图、学习词典等，理解生词意义，能够逐字、逐句、逐段地通读简单的文本。在阅读时能够关注文本的基本信息（时间、地点、人物、图标、小标题等）。能够联系上下文语境对部分词语的意思进行简单推测。

二、读物特征

《国际中文教育中文阅读分级标准》（成人）一级读物特征详见表 3-3。

表 3-3 《国际中文教育中文阅读分级标准》（成人）一级读物特征

语言	汉字	• 优先使用《等级标准》汉字表中的一级字 300 个。 • 主要使用高频、能够充当偏旁部首的独体字，以及构词能力强的汉字，汉字结构一般较为简单，笔画、部件较少，如：不、日、大。
	词语	• 优先使用《等级标准》词汇表中的一级词 500 个。文本越级词和超纲词比例一般不超过 3%，超纲词中可以包括人名、地名、高频文化词，以及部分意义简单的成语、俗语等。 • 词语表义具体，多为反映日常生活、常用、能产性高、词义浅显的高频词。 • 可出现少量高频、语义难度低的多义词，如：多（形：人很多。代：你多大了？）、分（名：考了 100 分。量：8 点 10 分）、上（名：从上看。动：上车了）。可出现少量高频、语义难度低的多音词，如：干（gān、gàn）。
	句子	• 平均句长约为 3—6 个词，优先使用《等级标准》语法等级大纲中的一级语法点 48 个。 • 句子简短，结构简单，句子成分齐全，包含主语、谓语、宾语、定语和状语等基本的成分。句类以简单的陈述句和疑问句（是非问、特指问、选择问、正反问）为主。 • 可出现较为简单的特殊句式，如："是"字句（表示等同或类属、表示说明或特征、表示存在）和"有"字句（表示领有、表示存在）。可出现简单的比较句和简单的复句（表示并列、表示转折），如：一边……，一边……；……，也……。
	语篇	• 单篇短文一般在 100—300 字。 • 以描述为主，文本结构明确、直接，通常按照事物或故事的发展顺序呈现信息，有简单的对话。 • 单个文本的主题具体且相对单一，文本中有明显的主题句。
文本	主题特征	• 以读者熟悉的日常生活、学习、人际交往为主要内容，如：个人信息、日常起居、饮食、交通、兴趣爱好、风俗习惯、亲情、友情、成长等。
	内容特征	• 语言具体、浅显，内容实用而有趣，故事情节和人物关系较为简单。 • 文化内容包含风俗习惯等基本的中国文化常识，同时也涉及汉字等文化内容。
	文体特征	• 多为简单的叙述性或说明性文本。 • 可引入少量浅显易懂的民间故事、神话故事、成语故事等。

（续表）

形式	呈现形式	• 对越级词和超纲词进行边注，供阅读时对照。
	注音注释	• 越级词、超纲词突出标注，同时标注拼音、外文翻译及常用搭配或例句。 • 人名、地名、机关团体名之类专有名词以及特色食品名等文化词，一般只在正文中标注拼音和下画线。
	插图特点	• 配有少量插图和提示性文字。 • 插图中的画面细节和文本有高度的相关性。
	排版形式	• 行距和字号大于母语读物。

三、示例

（详见 99 页）

二级

一、读者特征：读者的阅读能力表现

《国际中文教育中文阅读分级标准》（成人）二级读者的阅读能力表现详见表 3-4。

表 3-4 《国际中文教育中文阅读分级标准》（成人）二级读者的阅读能力表现

阅读认知过程：开始接触各种类型的文本，尝试将解码的文字信息串联起来，形成对文本内容的初步理解。能够较快速把握文本的主要内容，初步具备查找和提炼文本细节信息的意识。
阅读行为：能够利用辅助工具（如手机、电脑和词典等）读懂涉及本级话题任务内容的、语法不超出本级范围的语言材料，阅读速度不低于 100 字 / 分钟。能够基本识别文本的整体结构，关注文本蕴含的表层意义，如故事情节、人物关系、主要观点等，开始尝试理解作者的观点、论据和行文思路。能够为完成学习任务或满足某方面的兴趣而进行阅读，并保持初步的阅读专注力；能够较好地默读，需要时，能够熟练地指读和流利地朗读。愿意和他人交流并讨论文本内容，基本的阅读习惯已经养成。
阅读策略：阅读的注意力开始逐渐转移到对文本内容的理解上，能够快速浏览文本，注意文中的关键词、句子和段落，抓取关键信息。初步接触并掌握猜词和推测的阅读技能，如：能够尝试利用汉字的声旁和形旁等线索识别字词。能够利用目录、索引等辅助工具快速定位所需信息。初步具备跳读意识，能够通过跳读、回看等阅读方法提高阅读速度，加深对文本内容的理解，把握文本的核心思想和作者的观点。

二、读物特征

《国际中文教育中文阅读分级标准》（成人）二级读物特征详见表3-5。

表3-5 《国际中文教育中文阅读分级标准》（成人）二级读物特征

语言	汉字	• 优先使用《等级标准》汉字表中的二级字600个（新增300个）。 • 主要使用高频、以常用偏旁部首构成的构词能力强的汉字。独体字大多充当形旁（如：目）和声旁（如：青）；合体字可利用汉字知识进行分析，如：油。 • 可出现少量同形字和同音字，如：排（排队、一排），因（yīn）、音（yīn）、阴（yīn）。
	词语	• 优先使用《等级标准》词汇表中的二级词1272个（新增772个）。文本越级词和超纲词比例一般不超过4%，超纲词中可以包括人名、地名、学科词语、文化词，以及一些日常生活中常用的成语、俗语等。 • 词语多为具有具体意义、反映日常生活、常用、能产性高、词义较为浅显的高频词。 • 可出现少量高频、语义理解有一定难度的多音词，如：长（cháng、zhǎng）。出现高频、低难度的多义词，如：站（动：站起来。名：车到站了）、老（形：房子太老了、老朋友。副：老没看见她。前缀：老王）、头（名：头有点儿疼。量：一头牛。后缀：里头）。
	句子	• 平均句长约为5—9个词，优先使用《等级标准》语法等级大纲中的二级语法点129个（新增81个）。 • 句子结构多变，谓语趋于复杂化，如：出现名词、代词、数词、数量短语、名词性短语作谓语的句式。 • 句子结构多样，包含各类补语，表示存在的存现句、表示前后动作先后发生的连动句，以及复杂的"有"字句（表示评价、达到和比较）、表示强调的句式，如：用"就"和"是……的"对时间、地点和方式等信息进行强调。 • 可出现各类表示逻辑关系的复句，如：承接、递进、选择、转折、假设、条件、因果等关系和紧缩复句（如：一……就……）。
	语篇	• 单篇短文一般在300—500字。 • 文本的主题相对清晰，有明确的主题句。 • 文本结构明确，线索清楚，段落之间有明显的逻辑关系，如：使用标志词（如连词、数词）来体现文本的逻辑。

（续表）

文本	主题特征	● 话题主要涉及读者熟悉的与日常生活相关的内容，如：基本社交、家庭生活、学习安排、购物、用餐、租房、个人感受等。
	内容特征	● 故事类文本情节相对完整，包含简单的民间故事、神话故事、成语故事、人物传记片段，以及内容浅显、语言简单的诗歌等。 ● 文化内容包含常见的中国传统节日等，让读者通过阅读感知不同的家庭文化、校园文化和地域文化。
	文体特征	● 内容较为具体、明确，除了叙述性和说明性文本，可出现简单而实用的科普类文本。
形式	呈现形式	● 对越级词和超纲词进行边注。
	注音注释	● 越级词、超纲词一般标注拼音、外文翻译及常用搭配或例句。 ● 人名、地名、机关团体名之类专有名词以及特色食品名等文化词，一般只在正文中标注拼音和下画线。
	插图特点	● 文本配有少量插图、较为简单的图表。 ● 插图中的画面细节有助于推测信息内容。
	排版形式	● 行距和字号大于母语读物。

三、示例

（详见 101 页）

三级

一、读者特征：读者的阅读能力表现

《国际中文教育中文阅读分级标准》（成人）三级读者的阅读能力表现详见表 3-6。

表 3-6 《国际中文教育中文阅读分级标准》（成人）三级读者的阅读能力表现

阅读认知过程：关注感兴趣的主题，能够快速找到与自己阅读目的相关的信息，能够理解语句、段落之间的逻辑关系，分辨不同的观点。能够对文本中的某些内容进行简单的反思和评估，如：愿意与他人就阅读中的相关问题进行讨论，能够就文本中的信息、观点或人物行为发表自己的看法。能够自觉运用不同的阅读策略和技巧提取关键信息，增强阅读效果，初步具备文化对比意识。
阅读行为：能够利用辅助工具（如手机、电脑和词典等）读懂涉及本级话题任务内容的、语法不超出本级范围的语言材料，阅读速度不低于 120 字 / 分钟。能够理解简单复句，读懂叙述性、说明性等语言材料，从中获取具体的目标信息，并主动借助学习词典或上下文信息来理解生词意义。能够根据文本中的情感及思想表达要求流利地朗读，能够注意到语音的轻重、语气的停连和语速的快慢，能够自觉利用各种阅读策略提高阅读速度。能够主动通过阅读学习、积累词汇，扩展阅读面；能够保持较强的阅读专注力，已经养成了一定的阅读习惯和偏好。
阅读策略：初步具备略读、跳读等阅读技能，能够更多地关注文本内容本身和作者的意图。初步掌握一些猜词技巧，如：能够有意识地利用汉字的表音、表意偏旁与形、音、义对应规则，以及汉字组词规则进行字词的理解；能够有意识地利用上下文语境猜测文本中词语（多义词）和句子的含义。开始能够尝试主题阅读，即围绕一个主题选择多个文本进行阅读，串联关键信息，调动背景知识和自己的生活经验提炼文本的细节，从而把握文本中不同作者的观点。

二、读物特征

《国际中文教育中文阅读分级标准》（成人）三级读物特征详见表 3-7。

表 3-7 《国际中文教育中文阅读分级标准》（成人）三级读物特征

语言	汉字	• 优先使用《等级标准》汉字表中的三级字 900 个（新增 300 个）。 • 字形结构多样，以常用部首构成的合体字为主、独体字为辅，能够进行汉字形体归纳和简单的构形分析。
	词语	• 优先使用《等级标准》词汇表中的三级词 2245 个（新增 973 个）。文本越级词和超纲词比例一般不超过 5%，超纲词中可以包括人名、地名、学科词语、文化词，以及一些日常生活中常用的成语、俗语等。 • 词语呈现多样性，书面语词语逐渐增多，词义更加丰富，可出现词语的修辞义（如：他是一个很阳光的孩子）和隐含义（如：他们早断了），以及部分专业词语（如：海关、高速公路、互联网）。 • 可出现各类离合词，如：动宾式（帮忙、见面、结婚）和动补式（打开、完成）。可出现包含各类复杂结构的短语，如：介宾短语、方位短语、兼语短语、同位短语等。
	句子	• 平均句长约为 7—12 个词，优先使用《等级标准》语法等级大纲中的三级语法点 210 个（新增 81 个）。 • 句子结构更为多样，主语、宾语和定语的构成较为复杂，如：可出现主谓谓语句。补语类型多样化，除结果补语外，可出现复合趋向补语、可能补语、程度补语等。 • 句型更为复杂，可出现表处置的"把"字句和被动句、前后分别表示方式和目的的连动句、表使令意义的兼语句、较为复杂的比较句、重动句等，各类复句齐全。
	语篇	• 单篇短文一般在 400—700 字。 • 文本结构多样化，但有一定的逻辑线索可寻。 • 故事情节完整，文本结构清晰，观点明确，论据充分。 • 出现少量修辞手法，如比喻、隐喻、夸张等。

（续表）

文本	主题特征	• 与读者生活、学习相关的内容，如：出行经历、课程情况、文体活动、节日习俗、教育、职业等。
	内容特征	• 现实生活故事、人物传记、语言简单的诗歌等。 • 内容具有跨文化特征，体现不同国家的文化差异、社会关系和世界共同关注的问题（如信息技术、人类命运共同体等）。
	文体特征	• 内容有趣、实用，除了叙述性、说明性和科普类文本外，还可出现简单的议论文。
形式	呈现形式	• 文本配有少量插图和简单的图表。 • 对越级词和超纲词进行边注。
	注音注释	• 越级词、超纲词一般标注拼音、外文翻译及常用搭配或例句。 • 人名、地名、机关团体名之类专有名词以及特色食品名等文化词，一般只在正文中标注拼音和下画线。
	插图特点	• 插图及图表有助于读者获取相关信息。
	排版形式	• 行距和字号大于母语读物。

三、示例

（详见 105 页）

中等

四级

一、读者特征：读者的阅读能力表现

《国际中文教育中文阅读分级标准》（成人）四级读者的阅读能力表现详见表 3-8。

表 3-8 《国际中文教育中文阅读分级标准》（成人）四级读者的阅读能力表现

阅读认知过程：能够识别不同文体（如叙述性、说明性文本）和不同的篇章结构（如总分式、分总式）。初步具备通读意识，具有抓取主要观点的意识；初步具备识别句间连接词和篇章衔接词的意识。
阅读行为：能够利用辅助工具（如目录、索引、图表等）读懂涉及本级话题任务内容的、语法基本不超出本级范围的语言材料，阅读速度不低于 140 字 / 分钟。能够初步运用相应策略完成搜索信息、猜词、理解长句和识别句间连接词等阅读行为。
阅读策略：能够较快地运用查读方式搜索目标信息。能够有意识地运用偏旁、语素、构词方式等线索猜测词义，并尝试运用词语搭配法辅助文本理解。能够熟练地运用跳读方式快速翻阅书刊，确定所需文章。

二、读物特征

《国际中文教育中文阅读分级标准》（成人）四级读物特征详见表 3-9。

表 3-9 《国际中文教育中文阅读分级标准》（成人）四级读物特征

语言	汉字	• 优先使用《等级标准》汉字表中的四级字 1200 个（新增 300 个）。 • 字形结构多样，以合体字为主，辅以少量独体字，如：避、辩、袋、斗。
	词语	• 优先使用《等级标准》词汇表中的四级词 3245 个（新增 1000 个），越级词和超纲词比例一般不超过 6%。超纲词中可以包括人名、地名、高频文化词，以及常用的成语、俗语等。 • 选词以高频词为主，且多为具有具体意义的实词，也有少量功能词，如：却。可出现少量多义词的较高频、有一定难度的义项，如：花（形）。少量多义词的多个义项会同时出现，如：怪（形、副）。

（续表）

语言	句子	• 平均句长约为 10—16 个词，优先使用《等级标准》语法等级大纲中的四级语法点 286 个（新增 76 个）。 • 句式以单句为主，辅以各类复句。单句中可出现有一定难度的特殊句式，如：表消失的存现句"处所词＋动词＋结果补语＋动态助词（了）＋数量短语＋人／物"（我们班里转走了一个学生）。复句出现新句式，如：让步复句（哪怕……，也／还……）。已有句式也可出现更多样的表达，如：并列复句（不是……，而是……；既……，又／也……）、因果复句（……，可见……）。可出现无标记的紧缩复句（如：司机一听不拉不行，马上热情服务）。
	语篇	• 单篇短文一般在 400—900 字。 • 文本结构较明确，有一定的线索，有文学性和比喻性的语言。
文本	主题特征	• 话题既涉及个人生活，也包括社会生活和自然环境。 • 话题内容和读者生活、工作相关，可以包括社区生活、健康状况、校园生活、日常办公、动植物等。
	内容特征	• 内容具有一定的深度，可以从多个维度描述一个主题。 • 情节丰富，有时需要联系上下文来帮助理解。 • 人物多元，人物关系复杂。
	文体特征	• 以记叙文为主，辅以适量的说明文和少量的议论文，其中包括少量非连续性文本，如：现实生活故事、科普文章及传记等。
形式	呈现形式	• 图文结合，以文字为主。
	注音注释	• 越级词、超纲词一般在文后生词表中标注拼音、外文翻译，可附用例。 • 对有难度的专有名词和文化内容，一般在正文中标注下画线，可在文后进行中外注释说明。
	插图特点	• 可配有少量插图或实景图片，图文有明显的适配关系。
	排版形式	• 行距和字号略大于母语读物。

三、示例

（详见 108 页）

五级

一、读者特征：读者的阅读能力表现

《国际中文教育中文阅读分级标准》（成人）五级读者的阅读能力表现详见表 3-10。

表 3-10 《国际中文教育中文阅读分级标准》（成人）五级读者的阅读能力表现

阅读认知过程：能够较熟练地识别不同文体（如叙述性、说明性、议论性文本），较快地识别不同的篇章结构（如总分式、分总式）。通读意识较强，具备较快速抓取主要观点且理解重要细节的能力。能够较熟练地识别句间连接词和篇章衔接词。
阅读行为：能够利用辅助工具（如目录、索引、图表等）读懂涉及本级话题任务内容的、语法基本不超出本级范围的语言材料，阅读速度不低于 160 字 / 分钟。能够较熟练地运用相应策略完成搜索信息、猜词、理解长句和识别篇章衔接词等阅读行为，阅读策略多样化，能够达到快速浏览、通读全文的目标。
阅读策略：能够快速、熟练地运用查读策略搜索目标信息。能够较熟练地运用偏旁、语素、构词方式等线索及词语搭配等方法猜测词义，并尝试运用语境线索法辅助理解。能够运用多种方法理解长句，掌握识别句间连接词和篇章衔接词的方法。

二、读物特征

《国际中文教育中文阅读分级标准》（成人）五级读物特征详见表 3-11。

表 3-11 《国际中文教育中文阅读分级标准》（成人）五级读物特征

语言	汉字	• 优先使用《等级标准》汉字表中的五级字 1500 个（新增 300 个）。 • 字形结构多样，以合体字为主，辅以少量独体字，如：繁、邀、珍、且。
	词语	• 优先使用《等级标准》词汇表中的五级词 4316 个（新增 1071 个），越级词和超纲词比例一般不超过 7%。超纲词中可以包括人名、地名、高频文化词，以及常用的成语、俗语等。 • 可出现同形词中较高频、有一定难度的义项，如：打（介）。可出现少量的多音多义词，如：吐（tǔ、tù）。

（续表）

语言	句子	• 平均句长约为 13—20 个词，优先使用《等级标准》语法等级大纲中的五级语法点 357 个（新增 71 个）。 • 句式以单句为主，辅以各类复句。单句中可出现有一定难度的特殊句式，如：意念被动句（剩的菜可以打包带走）。复句可出现多重复句（单句＋复句；复句＋单句）（如：他昨天通过了驾照考试，尽管第一次独自开车，但他一点儿也不紧张；既然要请客，饭菜就要丰盛，这是很多中国人的想法）。此外，还可以出现有明显语篇衔接标记的句群，如：用人称代词、指示代词等复指的句群。
	语篇	• 单篇短文一般在 500—1100 字。 • 文章结构开始复杂，有更多的段落和层次，有文学性和比喻性的语言。
文本	主题特征	• 话题既涉及个人生活，也包括社会生活和自然环境。 • 话题内容和读者生活、工作相关，可以包括人际关系、生活方式、学习方法、自然环境、社会现象等。
	内容特征	• 内容具有一定的深度，有助于读者发展逻辑思维能力并对事物形成不同的分析视角，具备较强的跨文化特征。 • 情节发展曲折，可构建悬念。 • 人物性格更加复杂，具备多面性。
	文体特征	• 以记叙文为主，辅以一定比例的说明文和议论文，包括适量的非连续性文本，如：现实生活故事、传统文学等故事类文体，科普文章、传记等非故事类文体，简单的诗歌等。
形式	呈现形式	• 图文结合的方式依然适用，但图片比重相应下降。 • 文本后可附生词表。
	注音注释	• 越级词、超纲词一般在文后生词表中标注拼音、外文翻译，可附用例。 • 对有难度的专有名词和文化内容，一般在正文中标注下画线，可在文后进行中外注释说明。
	插图特点	• 部分文本可以配有少量插图或实景图片，图文较为适配。
	排版形式	• 行距和字号略大于母语读物。

三、示例

（详见 111 页）

六级

一、读者特征：读者的阅读能力表现

《国际中文教育中文阅读分级标准》（成人）六级读者的阅读能力表现详见表 3–12。

表 3-12 《国际中文教育中文阅读分级标准》（成人）六级读者的阅读能力表现

阅读认知过程：能够快速熟练地识别不同文体（如叙述性、说明性、议论性文本）并了解不同文体的阅读技巧，能够快速准确地识别多种篇章结构。通读意识强，能够快速准确地抓取主要观点且理解重要细节。有较强的句间和篇章衔接成分的识别意识，能够熟练地识别篇章衔接的多种方法。
阅读行为：能够利用辅助工具（如目录、索引、图表等）读懂涉及本级话题任务内容的、语法基本不超出本级范围的语言材料，阅读速度不低于180字/分钟。能够熟练地运用相应策略完成搜索信息、猜词、理解长句和识别篇章衔接词等阅读行为，阅读策略多样化，能够通读结构有一定复杂度的文章。
阅读策略：能够快速准确地运用偏旁、语素、构词方式、语境等线索及词语搭配等方法猜测词义。能够较熟练地识别篇章衔接的手段。能够较熟练地通读文章，抓取主要观点，理解重要细节，明确文章层次结构。能够对阅读内容做简单的语义预测。

二、读物特征

《国际中文教育中文阅读分级标准》（成人）六级读物特征详见表 3–13。

表 3-13 《国际中文教育中文阅读分级标准》（成人）六级读物特征

语言	汉字	• 优先使用《等级标准》汉字表中的六级字 1800 个（新增 300 个）。 • 字形结构多样，独体字比例进一步降低，以合体字为主，如：潜、副、盟、梁。
	词语	• 优先使用《等级标准》词汇表中的六级词 5456 个（新增 1140 个），越级词和超纲词比例一般不超过 8%。超纲词中可以包括人名、地名、高频文化词，以及常用的成语、俗语等。 • 可出现兼类词中较高频、有一定难度的词性，如：土（形）、长（后缀）。可出现多义词的多个义项，如：料（动、名）。

（续表）

语言	句子	• 平均句长约为 16—25 个词，优先使用《等级标准》语法等级大纲中的六级语法点 424 个（新增 67 个）。 • 句式以单句为主，辅以各类复句。单句中出现有一定难度的特殊句式，如：表致使的"把"字句（这可把他高兴坏了）。出现多重复句（复句＋复句）（如：现在的语音助手类的手机软件已经可以像私人秘书一样，不仅能直接通过内部搜索回答你的问题，而且还能直接帮你做事，甚至主动帮你想办法、出主意，解决难题，因而受到大家的欢迎）。
	语篇	• 单篇短文一般在 600—1300 字。 • 文本结构较多样复杂，有隐含的线索和丰富的段落、层次，可适当增加文学性和比喻性的语言。
文本	主题特征	• 话题既涉及个人生活，也包括社会生活和自然环境。 • 话题内容包括社会交往、公司事务、矛盾纷争、社会新闻、中外比较等。
	内容特征	• 内容深入，话题广泛，能够引导读者对自然、社会、人生等问题进行思考。 • 情节发展具有多条线索，可出现多条故事线同时进行的情况。 • 人物性格复杂、形象丰满，具有多面性。
	文体特征	• 包括记叙文、说明文和议论文，也包括少量的非连续性文本，如：现实生活故事、传统文学等故事类文体，科普文章、传记及散文等非故事类文体，简单的诗歌等。
形式	呈现形式	• 可更多地采用纯文字的形式，呈现更为复杂的文本。 • 文本后可附生词表。
	注音注释	• 越级词、超纲词一般在文后生词表中标注拼音、外文翻译，可附用例。 • 对有难度的专有名词和文化内容，一般在正文中标注下画线，可在文后进行中外注释说明。
	插图特点	• 部分文本可以配有少量插图或实景图片，图文有适配关系。
	排版形式	• 行距和字号略大于母语读物。

三、示例

（详见 115 页）

高等

七—九级

一、读者特征：读者的阅读能力表现

《国际中文教育中文阅读分级标准》（成人）七—九级读者的阅读能力表现详见表 3-14。

表 3-14 《国际中文教育中文阅读分级标准》（成人）七—九级读者的阅读能力表现

阅读认知过程：具备理解多种主题和复杂体裁语言材料的能力。具备近似中文母语者的语言理解能力，能够掌握中文语言材料的思维与表达习惯。
阅读行为：能够读懂涉及本级话题任务内容的各类体裁的文章，阅读速度不低于 200—240 字 / 分钟。能够理解并掌握文章的中文表达习惯及遣词造句的中文思维。
阅读策略：能够掌握并综合运用多种阅读技能，能够理解文章的思想和社会文化内涵。能够综合运用分析、判断、逻辑推理等手段，对文章的信息进行验证，对文章的思想和观点进行评价。

二、读物特征

《国际中文教育中文阅读分级标准》（成人）七—九级读物特征详见表 3-15。

表 3-15 《国际中文教育中文阅读分级标准》（成人）七—九级读物特征

语言	汉字	• 优先使用《等级标准》汉字表中的汉字 3000 个（新增 1200 个）。 • 字形结构多样，通常不限定独体字、合体字的占比。
	词语	• 优先使用《等级标准》词汇表中的高等七—九级词语 11092 个（新增 5636 个），超纲词范围一般不超过 10%。超纲词中可以包括人名、地名、文化词，以及成语、俗语、固定短语（含四字格）等。 • 可出现高频、词义难度适中的多义词。

（续表）

语言	句子	• 句长灵活多样，优先使用《等级标准》语法等级大纲中的高等七—九级语法点 572 个（新增 148 个）。 • 句式上，单句、各类复句多样化，可出现有一定难度的特殊句式和固定搭配，也可出现多重复句和句群等。特殊句式如：表致使的"把"字句"（主语 + ）把 + 宾语（施事）+ 动词 + 了"（钱没挣着，却把老公跑了），多重复句和句群可带、可不带关联词语。 • 可出现《等级标准》高等七—九级的口语格式、四字格。如：口语格式"X 也好 / 也罢，Y 也好 / 也罢"（喜欢也罢，愤怒也罢，终究都是一种情绪）。
	语篇	• 单篇短文一般在 700—2000 字，具体字数视文体而定。 • 篇章结构多样化。一般有主题和次级话题的结构层次，有文学性、比喻性和文化内涵性的语言。
文本	主题特征	• 话题广泛，可包括与专业学习相关的科学技术、文艺、体育、心理等话题，也可包括比较有深度的哲学、宗教、时事、政策法规、商业贸易、国际事务等话题。
	内容特征	• 内容丰富多元，可包括语言文字、政治经济、法律事务、科学技术、文艺、体育、哲学、历史、国际事务、商业谈判、学术研究等。
	文体特征	• 文体类型多样，可以是多种文体的结合。 • 可包括现实生活故事、传统文学等记叙文、散文等，也可包括科普文章、时政新闻、政策法规条文、研究报告等。
形式	呈现形式	• 以文字为主，通常不配图。 • 文本后可附生词表。
	注音注释	• 对有难度的超纲词标注拼音、外文翻译，可附用例。 • 对有难度的专有名词，一般只在正文中用下画线标出。 • 对有难度的文化内容，注释应提供更详细的信息，包括相关内容的背景、意义和影响等。
	插图特点	• 通常无插图。 • 出于文本数据描述的需要，可提供图表。
	排版形式	• 行距和字号可与母语读物接近或相同。 • 排版形式灵活多样，可分栏排版。

三、示例

（详见 119 页）

国际中文教育
中文阅读分级标准

（儿童）示例

一级

一级 《你是谁？》

《国际中文教育中文阅读分级标准》（儿童）一级示例文本《你是谁？》详见表4-1。

表4-1 《国际中文教育中文阅读分级标准》（儿童）一级示例文本《你是谁？》

页码	图片脚本	文字内容
封面	一群动物，手拉手围成一圈，有小狗、小猫、小马、小鸟、小羊、小鱼，还有一个小朋友在中间，这群动物上面是标题"你是谁？"。 左下角有一片树叶，上面有一只小虫看着他们。	你是谁？
1	小狗在草地上吃骨头，远处有一栋房子，小朋友指着小狗。 小虫在小狗身后的狗窝屋顶看着小狗和小朋友。	"你是谁呀？"
2	小狗放下骨头，摇尾巴。	"我是小狗。"
3	小朋友和小狗一起来到一个房子的窗边，窗沿上有一只小猫在舔毛，小朋友指着小猫问小狗。 小虫尾巴连着丝，倒挂在窗台上。	"她是谁呀？"
4	小狗向小朋友介绍小猫，小猫开心地看着他们。	"她是小猫。她是我的朋友。"
5	小朋友和小狗、小猫一起来到牧场，有一匹小马在低着头吃草，小朋友指着小马问小狗。 小虫在旁边栅栏上。	"他是谁呀？"
6	小狗向小朋友介绍小马，小马抬起头，嘴里嚼着草。	"他是小马。"
7	小朋友骑在小马背上，小狗和小猫跟着，大家一起跑到一棵树下。 树下有只小羊在吃草，树上有只小鸟在唱歌，小朋友问小羊和小鸟。 小虫在树干上。	"你们是谁呀？"
8	小羊抬头。 小虫在树枝末端的树叶上。	"我是小羊，我喜欢吃草。"
9	小鸟从树上飞下来落在小羊头上。 小虫还在树枝末端的树叶上。	"我是小鸟，我喜欢唱歌。"
10	背景是天空，空中突然传来一个很大的声音，树叶都被震落了几片。 小虫在树叶上，也被震落下来。	"还有我！"

（续表）

页码	图片脚本	文字内容
11	骑在小马背上的小朋友，小狗、小猫和落在小羊头上的小鸟都没看到声音的主人，小朋友和小马的脸上是好奇的表情，小猫、小狗东张西望，小鸟看起来很害怕地抱住了小羊的角，小羊很疑惑。大家一起问。小虫掉在了左下方角落的地上，晕了，旁边还有几片树叶。	"你是谁？"
12	画面拉远，树旁边还有一个小池塘，一条小鱼从水面跳出来。	"我是小鱼，我想和你们玩儿！"
13	大家看到了小鱼，都开心地笑了，小鸟则是擦了把冷汗。小虫醒过来，躲在树叶底下伸出头看。	还有一个小朋友，你们看到了吗？

一级《谁的力气大？》

《国际中文教育中文阅读分级标准》（儿童）一级示例文本《谁的力气大？》详见表4-2。

表4-2 《国际中文教育中文阅读分级标准》（儿童）一级示例文本《谁的力气大？》

页码	图片脚本	文字内容
封面	蚂蚁、刺猬、小牛、大象在一起，抬头看向标题"谁的力气大？"。	谁的力气大？
1	一只蚂蚁和一片比蚂蚁大很多的树叶。	蚂蚁　树叶
2	蚂蚁把树叶背了起来，表情有些吃力。	蚂蚁的力气大。
3	一只刺猬和一堆水果（刺猬露出开心的表情）。	刺猬　水果
4	特写小刺猬，小刺猬身上扎了一身的水果，他的表情很骄傲。	刺猬的力气大。
5	一头强壮的小牛，大大的犄角，一块比牛矮一半的大石头。	小牛　石头
6	特写小牛低头用力的表情，用犄角向前顶，蹄子向后蹬；大石头翻滚。	小牛的力气大。
7	特写大象，旁边是一棵大树。	大象　大树
8	大象用鼻子将大树卷住，大树微微倾斜，根被拔起。	大象的力气大。
9	蚂蚁背着树叶，刺猬扎着水果，小牛和翻滚的石头，大象和一棵大树（按身材比例从小到大排列），旁边是一个小朋友（突出思考的表情）。	谁的力气大？

二级

二级《比力气》

《国际中文教育中文阅读分级标准》（儿童）二级示例文本《比力气》详见表4-3。

表4-3 《国际中文教育中文阅读分级标准》（儿童）二级示例文本《比力气》

页码	图片脚本	文字内容
封面	背景是一片大草坪，中间有一个擂台，擂台上挂着一个横幅，上面写着"比力气"，几个角色分别画上蚂蚁、刺猬、小牛、大象。	比力气
1	草坪上有一个擂台，特写擂台上的横幅，上面写着"比力气"。擂台上按照身材大小依次是蚂蚁、刺猬、小牛、大象。擂台下面有各种小动物：小兔子、小松鼠、小狗、小猫、小鸟。有的在交头接耳，有的在笑，有的在跳。	比力气
2	特写小蚂蚁，旁边是一片比蚂蚁大很多的树叶，小蚂蚁把叶子背了起来，表情有些吃力。	
3	特写台下的小动物，小狗指着擂台说话，其他小动物也竖起了大拇指。	蚂蚁的力气大。
4	特写小刺猬，小刺猬身上扎了一身的水果，它的表情很骄傲。	
5	特写台下的小动物，小猫面对小狗指着擂台，小松鼠看着水果流下了口水，小鸟在旁边鼓掌说话。	刺猬的力气更大。
6	特写犄角大大的小牛，小牛表情用力，咬着牙，蹄子向后蹬。小牛前面是被他撞得翻滚的大石头。	
7	特写台下的小动物，小猫和小狗表情很惊讶，小兔子跳着鼓掌大叫。	小牛的力气更大。
8	特写大象，大象用鼻子卷起台下所有的小动物，小鸟赶紧飞得高高的。 蚂蚁、刺猬和小牛满脸震惊。	
9	大象笑眯眯地卷着所有小动物，小鸟兴奋地说话。	大象的力气最大。
10	全景，蚂蚁、刺猬、小牛、大象站在一起，擂台下小兔子用疑惑的表情提问，其他小动物竖起大拇指说话。	谁的力气大呢？ 大家大小不一样，大家的力气都很大。

二级 《小狗汽车》

《国际中文教育中文阅读分级标准》（儿童）二级示例文本《小狗汽车》详见表4-4。

表4-4 《国际中文教育中文阅读分级标准》（儿童）二级示例文本《小狗汽车》

页码	图片脚本	文字内容
封面	下半部分是一个半圆形的"地球"，表面圆弧上有房子、商店、公园、学校，中间是一只戴着蓝色帽子、开着红色四座敞篷小汽车的棕色小狗，标题"小狗汽车"在正上方。	小狗汽车
1	戴着蓝色帽子的棕色小狗在公路上开着红色的四座敞篷小汽车，两边都是树木。	小狗开汽车。
2	一只背着黄色小包包的小白兔站在路边挥手，小狗把红色的小汽车停在路边。	"你好，小兔！你要去哪儿？" "你好，小狗！我想去公园。"
3	戴着蓝色帽子的棕色小狗载着小白兔在公路上继续行驶，小兔坐在后座。	小狗开汽车，送小兔去公园。
4	还没到公园，路边一匹拿着书的白色小马在招手。	
5	小狗把车停下问小马，小兔在后座探出头看。	"你好，小马！你要去哪儿？" "你好，小狗！我要去学校。"
6	戴着蓝色帽子的棕色小狗载着小白兔和拿着书的小马在公路上继续行驶。小马也坐在后座，小马的头看起来很高很高，它的鬃毛被风吹得乱七八糟。	小狗开汽车，送小兔去公园，送小马去学校。
7	这时候，从旁边的商店里走出来一只拿着购物袋的小黄猫，小黄猫朝小狗招手。	
8	小狗把红色的小汽车停在小黄猫面前，小兔探出头看，小马伸出高高的头往下看。	"你好，小猫！你要去哪儿？" "你好，小狗！我想回家。"
9	小猫坐上了副驾驶，小狗载着小兔、小马和小猫在公路上继续行驶。	小狗开汽车，送三个朋友去不同的地方。
10	路边突然出现一只小象，小象体型很大，他也在对小狗招手。	
11	小狗把车停在小象旁边，小象看起来有点儿害羞。	"你好，小象！" "你好，小狗！我能上车吗？我要回家。"
12	小狗看了看大家，大家也尴尬地面面相觑。	"好吧……"

（续表）

页码	图片脚本	文字内容
13	小狗尴尬地笑。	小狗不想让他的朋友不开心。
14	小小的红色汽车载着五只动物，小象坐到了后座中间，小兔和小马在两侧快被挤扁了，小象长长的鼻子和圆圆的肚子也伸到了前座，小猫和小狗也被挤着。车内满满的，车也鼓鼓的，像个面包，车门好像也快被挤开了。车走在路上，速度很慢很慢。	车很慢很慢地走。
15	突然"砰"的一声，车胎爆了，车门也弹开了，小兔和小马被挤出了车门，小狗和小猫靠着车门头晕目眩，小象摸着头尴尬地笑。	砰——

（续表）

三级

三级《妈妈的新头发》

《国际中文教育中文阅读分级标准》（儿童）三级示例文本《妈妈的新头发》详见表4-5。

表4-5 《国际中文教育中文阅读分级标准》（儿童）三级示例文本《妈妈的新头发》

页码	图片脚本	文字内容
封面	妈妈的头以及散开的棕色头发，四周有剪刀、梳子、吹风机、卷发棒。	妈妈的新头发
1	理发店里，妈妈坐在椅子上，旁边是拿着梳子和剪刀的理发师。一个小男孩和一个小女孩站在旁边好奇地看着。	妈妈想做一个新的头发。做个什么样的头发呢？
2	特写小女孩，从小女孩脑袋旁边冒出一个气泡，里面是妈妈长直发、齐刘海儿的样子。 妈妈在远处说："还不错！"	妈妈做一个直直的头发。 "还不错！"
3	特写小男孩，从小男孩脑袋旁边冒出一个气泡，里面是妈妈波浪卷长发的样子。 妈妈在远处说："我喜欢。"小女孩也在远处拍手。	妈妈做一个卷卷的头发。 "我喜欢。"
4	特写小女孩，从小女孩脑袋旁边冒出一个气泡，里面是妈妈公主半扎发的样子。 小男孩在远处拍手说："妈妈像公主一样！"	妈妈的头发长长的，做一个漂亮的头发。 "妈妈像公主一样！"
5	特写理发师，从理发师脑袋旁边冒出一个气泡，里面是妈妈帅气短发的样子。 小男孩和小女孩在远处，表情很惊奇地说："太酷了！"	妈妈做一个短短的头发。 "太酷了！"
6	特写小男孩，从小男孩脑袋旁边冒出一个气泡，里面是妈妈爆炸头的样子。 小女孩在远处指着气泡震惊地大叫："这是一个爆炸头！"（"爆炸"两个字周围有一圈爆炸的花纹）	妈妈做一个大大的头发。 "这是一个爆炸头！"
7	半身特写，妈妈在中间，小男孩和小女孩在两边，脸上是疑问的表情。	妈妈还可以做什么样的头发呢？
8	妈妈的正面半身像，发型像一朵花。背景像气泡框一样（表示想象的内容）。	"妈妈的头发像一朵花。"
9	妈妈的正面半身像，头发在头顶扎成一个爱心的形状。背景像气泡框一样。	"妈妈的头发像一个爱心。"

（续表）

页码	图片脚本	文字内容
10	妈妈的侧面半身像，头发像一架飞机。背景像气泡框一样。	"妈妈的头发像飞机。"
11	回到理发店背景，妈妈抱住小男孩和小女孩。 小男孩和小女孩也抱住妈妈。	"你们喜欢妈妈做什么样的头发？" "妈妈做什么样的头发我们都喜欢！"

三级　《爱笑的乐乐》

《国际中文教育中文阅读分级标准》（儿童）三级示例文本《爱笑的乐乐》详见表4-6。

表4-6　《国际中文教育中文阅读分级标准》（儿童）三级示例文本《爱笑的乐乐》

页码	图片脚本	文字内容
封面	一个有圆圆的脸、大大的眼睛、红红的嘴巴、白白的牙齿，在笑的小女孩，她周围是美丽的花、树，还有太阳、爸爸妈妈。	爱笑的乐乐
1	特写乐乐：圆圆的脸、大大的眼睛、红红的嘴巴，在大笑。	乐乐有圆圆的脸、大大的眼睛、红红的嘴巴，是个爱笑的小女孩。
2	乐乐看见美丽的花丛，用手指指着，露出牙齿笑。	她看见美丽的花会笑。
3	乐乐看见高高的大树，抬头张嘴笑。树下面是花丛。	她看见高高的大树会笑。
4	乐乐抬头看着温暖的太阳笑，太阳也对她笑。太阳周围是几朵云彩和飞翔的小鸟。	她看见温暖的太阳会笑。
5	乐乐继续抬头看着天空，几只小鸟在空中围着乐乐飞，乐乐微笑着。	她看见天空中飞来飞去的小鸟会笑。
6	一片草地上，乐乐与小狗一起跑，小狗回头看着乐乐笑，乐乐对小狗笑。	她看见草地上跑来跑去的小狗会笑。
7	乐乐和小狗看见湖水里的小鱼跳出来。小狗吐着舌头，乐乐指着小鱼笑。	她看见河里游来游去的小鱼会笑。
8	乐乐在教室里和同学微笑着面对老师，老师在笑着讲课。	乐乐也喜欢和大家一起笑。
9	乐乐和爸爸妈妈在游乐场。乐乐骑在爸爸脖子上，妈妈在旁边。他们都在笑。	她喜欢和爸爸妈妈一起笑。
10	教室里，乐乐和小伙伴们边笑边玩积木。	她喜欢和小伙伴们一起笑。

四级

四级《"万"字难写》

从前，有一位老人，他家里的人都不认识字。于是，他就请了一位老师教他儿子认字。第一天上学，老师用毛笔在白纸上写了一笔，告诉老人的儿子说："这是'一'字。"儿子学得很认真，记住了，回去后就写给父亲看："我学了一个字——'一'。"老人非常满意。

第二天，老师又用毛笔在纸上写了两笔，说："这是'二'字。"这次，儿子觉得很简单。到了第三天，老师用毛笔在纸上写了三笔，说："这是'三'字。"儿子学完就高兴地跑回家，对父亲说："学习认字太容易了，不用花这么多钱请老师了！"看到儿子这么聪明，老人非常高兴，于是决定不再继续请老师，让儿子自己努力学习。

过了几天，老人想请一位姓万的朋友来喝酒，就让儿子早上起来写个**请柬**（qǐngjiǎn）。时间慢慢地过去，天快黑了，儿子还没写好。老人有点儿着急了，就跑到儿子房间里看。

进门后，他看见儿子不高兴地坐在桌边，手里拿着一把梳子，在一张长长的纸上画着。一见父亲进来，儿子就哭着说："有那么多的姓，他为什么姓'万'呢？我拿来了妈妈的梳子，一次可以写十多笔。可是从一大早写到现在，手都疼了，也只写了三千多笔！'万'字真难写呀！"

请柬（七—九级）　*n.* invitation card　邀请人参加某种活动送去的通知

——改编自朱勇主编《中文天天读》3A

四级《大熊猫》

　　中国有很多特别的动物，最可爱的就是大熊猫了。

　　大熊猫的身子胖乎乎的，尾巴很短，皮毛很光滑，头和身子是白的，四肢是黑的。它头上长着一对毛茸茸的黑耳朵，还有两个圆圆的黑眼圈。

　　大熊猫小的时候很活泼，喜欢爬上爬下。长大以后，不太爱活动，常常用爪子抱着头，呼呼睡大觉。你去逗它，它会睁开眼睛看一看，然后又呼呼地睡了。有时它也会摆动着胖乎乎的身子，走来走去找东西吃。大熊猫喜欢吃新鲜的竹叶和竹笋，你看，它抱着竹子，吃得多香啊！

——改编自北师大版小学语文课本一年级上册

五级

五级《南辕北辙》

季梁走在路上，看到他的一位朋友正坐在马车上向北走。

季梁问："你要去哪里啊？"

朋友说："我要去楚国。"

季梁觉得奇怪，说："去楚国应该向南走，你怎么向北走呢？"

朋友回答："不怕，我的马好。"

季梁告诉他："马虽然好，可这不是去楚国的路。"

朋友回答："没关系，我有很多钱。"

季梁再次认真地说："钱再多，向北走，无论如何也到不了楚国。"

朋友却还是坚持："你不用担心，我的车夫驾车技术非常高。"

季梁笑了笑，说："方向错了，再好的马、再多的钱、再厉害的车夫，也到不了楚国，还会离楚国更远。"

这个故事告诉我们：如果方向错了，即使条件再好，也达不到目标。

—— 改编自北师大版小学语文课本二年级下册

五级《东方小巨人——姚明》

姚明是中国非常有名的运动员。他 1980 年 9 月 12 日出生在上海，长得很高，有 2.26 米。姚明的爸爸妈妈以前都是篮球运动员，爸爸身高 2.08 米，妈妈身高 1.88 米。

在姚明 4 岁的时候，他得到了他的第一个篮球。6 岁的时候，他看了美国篮球队在上海的表演，开始知道 NBA（美国职业篮球联赛）。9 岁的时候，姚明开始学习打篮球，而且非常努力。因为爸爸妈妈都打篮球，所以他在篮球方面很有天赋。18 岁的时候，他就进入了中国国家队。

2000 年悉尼奥运会上，姚明的篮球打得非常好。2002 年 6 月，姚明加入了美国休斯敦火箭队，成为第三位加入 NBA 的中国球员。此后越来越多的外国人叫他"东方小巨人"。美国《时代》杂志还把姚明选为 2007 年中国人的代表。

2008 年 8 月，姚明和其他中国队员一起，在北京奥运会上也取得了很好的成绩。2016 年，姚明入选 NBA 名人堂，成为首位入选的中国人。

——改编自朱勇主编《中文天天读》2B

六级

六级 《梨和苹果的故事》

今天给大家讲两个非常有趣的故事：一个是"孔融（Kong Rong）让梨"，另一个是"艾森豪威尔（Dwight David Eisenhower）争苹果"。

首先，我们来说说孔融。孔融是中国的文学家，他小时候很聪明，也很有礼貌，父母都非常喜欢他。有一天，他的父亲买了一些梨回家。他拿了一个最大的给孔融，但是孔融却摇摇头，拿了一个最小的梨说："我年纪最小，应该吃小的梨。那个大的梨就给哥哥吧。"父亲听后非常高兴。"孔融让梨"的故事到现在也很有名，它让我们明白了一个道理：把好的东西留给别人，不要总想着自己。

接下来，我们再看看美国前总统艾森豪威尔小时候的故事。有一次，他的妈妈拿来一些苹果，告诉他和他的兄弟们，修草坪修得最好的人可以得到最大最红的苹果。为了得到那个苹果，小艾森豪威尔非常认真地干活儿。最后，妈妈把那个最大最红的苹果给了他。艾森豪威尔后来说道："这件事几乎影响了我一生。它让我明白了，你只有比别人干得更好，才能得到更多！"

孔融和艾森豪威尔后来都成了历史上有名的人物，但这两个故事却反映了两种不同的思想和文化。

——改编自朱勇主编《中文天天读》3A

六级 《铁杵磨成针》

李白是中国的大诗人，他小时候不喜欢上学，常常在上课的时候跑出去玩儿。

一天，李白又没有去上学。看着美丽的风景，李白心想：每天在屋里读书多没意思！出来玩儿多好啊！

他一边走路一边看风景。走着走着，看见一个白头发的老奶奶，她正在磨一根非常粗的**铁杵**（tiěchǔ）。李白走过去问："老奶奶，您在做什么？"

铁杵（超纲词） *n.* iron pestle 中国古代一种磨米、洗衣用的铁棒

"我要把这根铁杵磨成一根针。"老奶奶对李白笑了笑，又低下头继续磨。

"针？"李白又问，"是缝衣服用的针吗？"

"当然！"

"可是，铁杵这么粗，什么时候才能磨成细细的针呢？"

老奶奶反问李白："水滴得久了，可以滴穿石头，铁杵为什么不能磨成针呢？"

"可是，您的年纪这么大了……"

"只要我比别人更努力，就没有做不到的事情。"

老奶奶的话让李白决定要好好学习。从此以后，他每天学习都特别认真，最后成了一名伟大的诗人。

这个故事告诉我们：无论做什么事情，只有不停地努力，才能成功。

—— 改编自朱勇主编《中文天天读》3B

国际中文教育
中文阅读分级标准

（青少年）示例

一级

【示例一】

Māma, wǒ xiǎng chī jiǎozi.
妈妈，我 想 吃 饺子。

Hǎo a, yìqǐ zuò ba!
好 啊，一起 做 吧！

miànfěn
面粉

jiǎozipí
饺子皮

bāo jiǎozi
包 饺子

Wǒmen yìqǐ chī jiǎozi.
我们 一起 吃 饺子。

【示例二】

Yì zhī xiǎomāo!
一只 小猫！

Nǐ de jiā zài nǎli ne?
你的家在哪里呢？

Xǐ yi xǐ ba.
洗一洗吧。

Zhèli jiù shì nǐ de jiā.
这里就是你的家。

—— 改编自《加油！ Chinese for the Global Community》

二级

【示例一】

Jiǎngzuò zài nǎr?
讲座¹ 在 哪儿？

Zěnme méiyǒu rén?
怎么 没有 人？

Zài fángjiān.
在 602 房间。

Hā, wǒ dào le.
哈，我 到 了。

——改编自《加油！ Chinese for the Global Community》

◎ 词语注释

1. 讲座：lecture　汉字知识讲座、健康教育讲座、听讲座

【示例二】

Wǒ xiǎng dào Zhōngguó kànkan.
我 想 到 中 国 看 看。

Kuài dào Běijīng le!
快 到 北 京 了!

Nín hǎo!
您 好!

Nín hǎo, nín cóng nǎr lái?
您 好, 您 从 哪 儿 来?

Wǒ cóng Lúndūn lái.
我 从 伦 敦 来。

Nín guìxìng?
您 贵 姓?

Wǒ xìng Wèi.
我 姓 卫。

Wèi shénme ya?
卫 什 么 呀?

Wèi shénme ya?   Xìng Wèi hái
为 什 么 呀? 姓 卫 还

yào wèn wèi shénme ma?
要 问 为 什 么 吗?

Wǒ wèi shénme xìng Wèi ne?
我 为 什 么 姓 卫 呢?

—— 改编自《加油! Chinese for the Global Community》

三级

【示例一】

【示例二】

今天早晨，我出发前往宁波。这是一座美丽的小城。**街道**¹两旁是排列整齐的石板路，一条小河静静地流过。

路边有各种美食，我买了几种，每一样都很好吃。

旅行给我带来了什么？仅仅是美景和美食吗？当然不是。对我来说，重要的是放松心情、放下压力。

◎ 词语注释

1.街道：street　城市街道、干净的街道

四级

【示例一】

有一天，动物们决定建立一所学校。学校的课程有飞行、跑步、游泳和爬树等，要求学习者一律要修满全部课程。

鸭子游泳技术一流，飞行课成绩也不错，就是跑步不行。于是它放弃了游泳课，专练跑步。鸭子的脚掌都磨破了，可是跑步还是不及格，游泳技术也变得平平了。

兔子在跑步课上是第一名，可是游泳时却下不了水。松鼠爬树最拿手¹（ná shǒu），可是在飞行课上老师要求它必须从地面飞起，而松鼠是从树上往下跳，不算成绩。小鹰是问题儿童，在爬树课上第一个到了树顶，但是完全不符合老师的要求。

学期结束时，只有一条怪异²（guài yì）的鳗鱼游泳成绩最好，而且勉强³（miǎn qiǎng）能飞、能跑、能爬。于是获得了各课平均最高分，成为全校第一名。

—— 改编自《加油！Chinese for the Global Community》

◎ 词语注释

1.**拿手**：在某方面有长处。

2.**怪异**：与别人不一样。

3.**勉强**：能力不够，还尽力去做。

【示例二】

刺猬为什么需要刺?

刺猬是一种可爱而独特的动物，它们身上长满了硬硬的刺。这些刺不仅可以保护它们，还能帮助它们 穿 越[1] 密集[2] 的植被[3]，轻松地找到食物。如果没有刺的帮助，刺猬会怎样呢? 现在，让我们来做个小实验。

你需要：一个纸卷、一把牙签、一堆小石头。

第一步　把纸卷裹成球状，模拟[4]刺猬的身体。

第二步　试着让"刺猬"在小石头上移动。

第三步　把牙签刺进纸卷里，给"刺猬"带上一些刺。

第四步　再次让"刺猬"在小石头上移动。

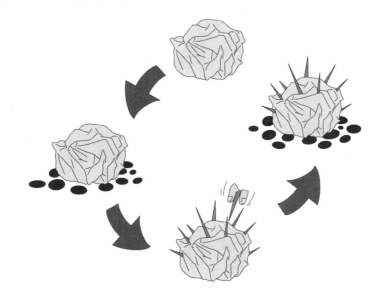

你觉得"刺猬"会被卡住或翻倒吗?

◎ 词语注释

1. 穿越：从中间经过。
2. 密集：数量很多，聚在一起。
3. 植被：植物。
4. 模拟：按已经有的样子去做。

五级

【示例一】

关于地球上海洋与陆地轮廓^{lún kuò}[1]的争论：

> 我们脚下的大地在运动，七大洲、四大洋是不断变化的。

> 大地多么坚固、稳定。海洋、陆地的轮廓从来就是这样的。

> 不对，地球的外貌一直都在变化，只是我们的生命太短了，感觉不到。

  观察世界地图，我们可以发现这样一个有趣的现象：大西洋两岸，特别是非洲西岸和南美洲东岸的轮廓线十分相似。南美洲大陆凸出的部分和非洲大陆凹进的部分几乎是吻合^{wěn hé}[2]的。如果我们把这两块大陆从地图上剪下来，它们就可以拼合成一个整体。

  因此，远古时，世界不分七大洲、四大洋，整个陆地几乎是连在一起的。

  你相信这种说法吗？

◎ 词语注释

1.**轮廓**：表示物或人外部形状的线条。

2.**吻合**：完全符合；一致。

【示例二】

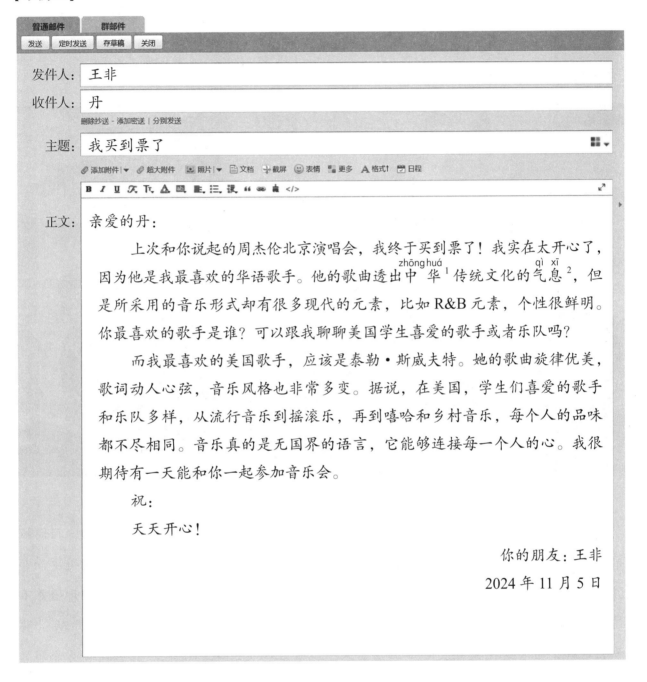

亲爱的丹：

　　上次和你说起的周杰伦北京演唱会，我终于买到票了！我实在太开心了，因为他是我最喜欢的华语歌手。他的歌曲透出中华[1]传统文化的气息[2]，但是所采用的音乐形式却有很多现代的元素，比如 R&B 元素，个性很鲜明。你最喜欢的歌手是谁？可以跟我聊聊美国学生喜爱的歌手或者乐队吗？

　　而我最喜欢的美国歌手，应该是泰勒•斯威夫特。她的歌曲旋律优美，歌词动人心弦，音乐风格也非常多变。据说，在美国，学生们喜爱的歌手和乐队多样，从流行音乐到摇滚乐，再到嘻哈和乡村音乐，每个人的品味都不尽相同。音乐真的是无国界的语言，它能够连接每一个人的心。我很期待有一天能和你一起参加音乐会。

　　祝：

　　天天开心！

　　　　　　　　　　　　　　　　　　　　你的朋友：王非

　　　　　　　　　　　　　　　　　　　　2024 年 11 月 5 日

—— 改编自《加油！Chinese for the Global Community》

◎ 词语注释

1. **中华**：中国。

2. **气息**：特征或显著的风格。

六级

【示例一】

　　在远古时代，黄帝和炎帝是居住在黄河地区的两个大部落的首领。那时候，人们抵抗自然灾害的能力很差，一遇到自然灾害就得搬家。有一次，炎帝部落被迫搬到黄帝部落居住的地方，他们觉得那儿条件很好，就决定长期住下去。黄帝部落的人一开始并不愿意，于是双方就打起仗来。经过三次战斗，炎帝部落被打败了。炎帝表示愿意听从^{tīng cóng}[1]黄帝的命令，黄帝也同意让炎帝部落住下来。黄帝让人把造车、造船的技术教给炎帝部落的人，黄帝的妻子还亲自教他们如何养蚕抽丝。炎帝也把草药送给了黄帝。他们和平相处，中华民族的历史由此揭开。

　　后来，黄帝和炎帝的部落逐渐融合，共同开发和利用黄河地区的资源。他们开始学习彼此的技术和知识。黄帝教给人民先进的技术，制定了法律和礼仪。炎帝教给人民农业知识，使部落的粮食产量大大增加。他们的联盟逐渐强大。

黄帝和炎帝的故事与传说被一代代人口口相传，成为中华民族的共同记忆。后来，黄帝被尊为"轩辕氏"，象征着文明的开始和科技的进步。炎帝被尊为"神农氏"，代表了农业的繁荣和自然的和谐。

随着部落的不断扩张，黄帝和炎帝的后代形成了多个分支。他们继承了祖先的智慧和勇气，推动着中华民族的发展。在漫长的岁月里，无论是战争还是和平，无论是繁荣还是衰败，炎黄子孙始终坚守着对祖先的敬仰和对文化的传承。

直到今天，中国人仍把黄帝和炎帝称为中华民族的始祖，并自称为"炎黄子孙"。

—— 改编自《加油！ Chinese for the Global Community》

◎ **词语注释**

1. **听从**：接受并服从。

【示例二】

15 小时又夺两金！她赶着回学校上课

中国自由式滑雪选手谷爱凌又赢了！在刚刚结束的激浪（Dew Tour）比赛中，她在 15 小时内两度摘得金牌。

比赛是在美国铜山举行的。谷爱凌参加了两个项目：自由式滑雪 U 型场地技巧和街式技巧。在自由式滑雪 U 型场地技巧项目中，她获得了 97.66 的高分，成功摘得金牌。

比赛结束后，谷爱凌在社交媒体上写道："感谢朋友们在每一个创造历史的时刻给我的支持和鼓励，我们一起继续加油！"

除了这两场比赛，谷爱凌在本赛季还参加了 7 场比赛，一共获得了 7 块金牌、2 块银牌。

去年 11 月底，谷爱凌在奥地利训练时不小心摔伤了，但她还是坚决选择带伤出战。她说："如果我对自己没有信心，别人就不可能对我有信心，我一定要赢！"她的勇气和决心让她在比赛中超越了自己，克服了困难，取得了令人瞩目的成绩。

在赛场上奋勇拼搏[1]的同时，谷爱凌也没有放下自己的学业，她一边准备比赛一边学习。去年的一场比赛中，她曾在决赛的前一天写了 12 个小时的论文。她说："滑雪的时候就不再想其他东西，学习时也是一样。"

这种专注，是她取得成功的秘诀。

—— 改编自光明网新闻《15 小时又夺两金！她赶着回学校上课》（2024 年 3 月 11 日）

◎ 词语注释

1. **拼搏**：用尽全力去做。

七级

【示例一】

关于大飞机 C919

中国大飞机 C919 自 2008 年起开始研制，2017 年 5 月 5 日完成首飞，是中国自主设计的新一代客机。C919 的研制过程体现了中国在飞机制造和设计领域的技术进步和创新。

C 既是中国英文名称"China"的首字母，也是中国商用飞机有限责任公司英文缩写"COMAC"的首字母。这体现了制造大型客机是国家的意志、人民的期望。第一个"9"的寓意是天长地久，"19"代表中国首型大型客机最大载客量为 190 人。

标准航程 4 075 公里　　　　　　　巡航速度 0.78 ～ 0.84 马赫
最大巡航高度 12 100 米　　　　　　标准载客量：168 座

C919 大型客机首飞成功标志着我国大型客机项目取得重大突破，是我国民用航空工业发展的重要里程碑[1]。

—— 国务院贺电

C919 的首次飞行象征着中国的工业实力，同时也体现了其主导新技术时代的梦想。

——《纽约时报》

这意味着中国成为继美国、俄罗斯、英国、法国之后，第五个可以自行生产大型客机的国家。中国 C 系列客机有机会和美国波音、欧洲空客共同竞争，三分天下。

—— 交通运输部贺电

——改编自网络文章

◎ 词语注释

lǐ chéng bēi
1. 里 程 碑：重大的成就或事件，标志着进程中的一个显著阶段。

【示例二】

　　2035 年，科学家们偶然发现了一种名为"超晶体"的神秘物质。这种物质具有令人震惊的能量转换效率和卓越[1]的环境适应性，因而迅速吸引了全世界的广泛关注。

　　李院士是一位才华横溢的年轻科学家。他带领着一支由精英学者组成的科研团队，致力于探索超晶体的奥秘[2]。他们发现超晶体具有惊人的特性，可以通过特殊的处理大量吸收太阳能，并能有效地转换成电能。更值得关注的是，这些超晶体还具有净化空气、消除环境污染的能力，为城市的可持续发展带来了新希望。

　　然而，在进一步的实验中，李院士遇到了一个挑战。在极端环境下，超晶体的稳定性会迅速下降，这给实际应用带来了困难。面对这一难题，李院士和他的团队投入了大量的时间和精力，开展了一场艰难的科研攻坚战。经过反复的尝试，他们最终发现了问题所在，于是创造性地改进了超晶体的分子结构，使其在极端的温度、压力等环境中依然能保持稳定。这一突破性发现不仅解决了先前的稳定性问题，而且大大拓展了超晶体的应用范围。

　　李院士及其团队的成果在全世界引起了轰动。他们的工作不仅推动了超晶体技术的发展，也为解决全球能源危机和环境污染问题提供了新思路。

◎ 词语注释

　　　　zhuóyuè
1.卓越：杰出的；超出一般的。

　　　　ào mì
2.奥秘：深奥神秘，通常指某个事件的由来较为复杂。

国际中文教育
中文阅读分级标准

（成人）示例

初等

一级

【示例一】

对不起

　　第一次来中国，中国人常常跟我说"没什么""没事儿"和"没关系"。我认识的汉字太少了，会说的中文也不多，跟中国人说话，我常常不知道说什么。

　　天安门广场（Tiān'ānmén Guǎngchǎng）是中国最有名的地方，也是外国人都想要去看的地方。有一天，我来到了广场。一边走，一边看，**可是**（kěshì），人太多了，我不**小心**（xiǎoxīn）**碰**（pèng）了一个人。他马上站在那儿，很生气地看我。我非常想跟他说"对不起"，可是我不知道用中文怎么说，这怎么好呢？认真想了一下儿，我就想起来了，马上说："没关系，没关系！"他没说话，不高兴地走了。我真的不知道哪里不对。我说错了什么？

　　现在我在中国学习中文两年了，我**已经**（yǐjīng）明白怎么跟别人说"对不起"了。现在想起来那天说的"没关系"，真是对不起啊！

1. 可是（二级）　*conj.*　but
他不会写，可是很会说。
2. 小心（二级）　*adj.*
careful　很小心、不小心
3. 碰（二级）　*v.*　to touch
碰了她的手、别碰我

4. 已经（二级）　*adv.*
already　已经走了、已经八点了

【示例二】

明明（Míngming）去哪儿了?

星期一，明明早上从家里出来，就没有回家，现在已经（yǐjīng）是晚上 8 点了，他的妈妈给警察（jǐngchá）打电话。

警察问明明的妈妈：请问，你的孩子叫什么名字？

明明妈妈：他叫明明。

警察：他是男孩儿吗？

明明妈妈：是的。

警察：他几岁了？

明明妈妈：他今年八岁了。

明明妈妈还告诉警察，今天早上 7 点 30 分，明明吃了早饭去学校上课，可是（kěshì）老师没有在学校看见他。从上午到现在已经 12 个小时了，老师和爸爸妈妈都没有找到他。

警察又问：这几天，明明都干什么了？

明明妈妈回答：这几天他在准备中文考试。昨天是星期天，他早上去图书馆学习，下午去学校打球，晚上吃了饭，他和我们一起看了会儿电视。睡觉前，他还看了一会儿书。

警察告诉明明的妈妈，他们一定（yídìng）会找到明明的。

1. 已经（二级）*adv.* already 已经下午了、已经来了

2. **警察**（三级）*n.* police 一位警察、男/女警察

3. 可是（二级）*conj.* but 上课了，可是明明没来。

4. 一定（二级）*adv.* surely 一定去、一定没问题

二级

【示例一】

马大为（Mǎ Dàwéi）给女朋友小燕子（Xiǎoyànzi）的
一封信

亲爱（qīn'ài）的小燕子：

你好吗？我很想你。

星期三我生病了，头很疼，身体也不舒服。我马上去医院看病，请医生给我开药。从医院走出来，我是坐出租车回家的。一到家我就吃

了药，然后就睡觉了。现在我完全好了。

我想跟你说一件事儿。小燕子，我很喜欢你。我想让你常常来看我，我们可以一起听听音乐、喝喝茶，你还可以教我做一做中国菜。可是我住的房间太小了，也不方便。我想租一套有厨房（chúfáng）和卫生间（wèishēngjiān）的房子，所以我请宋华（Sòng Huá）帮助我找房子。

星期六我和宋华一起去了家美（Jiāměi）租房公司。我们看了一套房子，房子很好，比我现在的房子大，有厨房，也有卫生间，可是房租（fángzū）太贵。宋华给他朋友打了一个电话，问他朋友我们应该怎么

1. 亲爱（四级）　*adj.*　dear
   亲爱的、亲爱的妈妈

2. 厨房（五级）　*n.*　kitchen
   在厨房、厨房很小

3. 卫生间（三级）　*n.*　toilet;
   restroom　两个卫生间

4. 房租（三级）　*n.*　rent
   交房租、房租很便宜

办。真巧（qiǎo），家美租房公司的经理是他朋友的好朋友。这位经理很热情，带我们看了很多房子。我租了一间很合适的房子，房租不太贵。晚上我们请他朋友和经理去喝茶，大家都很开心。

　　小燕子，我想请你来看一看我的新房子。你什么时候方便？

　　我等你的信。

你的大为

2月15日

5. 巧（三级）　*adj.*
　　opportune　很巧、太巧了

【示例二】

中国的小饭馆

　　我是一个留学生，来中国学习中文已经有一年了。在这一年里，我**除了**（chúle）努力学习中文以外，最喜欢的就是去不同的饭馆吃饭。

　　在北京，小饭馆很多，特别是到了晚上，马路边的饭馆灯都亮了，让人觉得很**温暖**（wēnnuǎn），马上就有了家的感觉。

1. **除了**（三级）　*prep.* besides　除了喜欢游泳以外，我还喜欢旅游。

2. **温暖**（三级）　*adj.* warm　家的温暖、亲人的温暖

　　在小饭馆吃饭非常随便。叫上几个朋友，往小饭馆一坐，要几瓶**啤酒**（píjiǔ），再要几个菜，一边吃一边喝，想坐多长时间就坐多长时间。如果你是一个人，也可以和旁边的人说说中文。如果你的中文还不太好，那也可以一边吃一边听听别人怎么说中文。

3. **啤酒**（三级）　*n.* beer　两瓶啤酒、喝啤酒

　　去小饭馆吃饭让人很开心。不知道吃什么也没关系，因为一进门，就能听到**老板**（lǎobǎn）热情的话，"您请这边坐！""云南米线（Yúnnán Mǐxiàn）！""兰州拉面（Lánzhōu Lāmiàn）！""新疆羊肉串儿（Xīnjiāng Yángròuchuànr）！""您吃点儿什么？"。吃什么？我笑了，"您说的我都想吃啊！"

4. **老板**（三级）　*n.* boss

　　来小饭馆吃饭的客人都是什么样的人呢？有的**看起来**（kàn qǐlái）像是家人，有的看起来像是**谈**（tán）**生意**（shēngyi）的，还有的像是外地游客。

　　这么多人来小饭馆吃饭，也是因为饭菜好吃还便宜。在这里，只要花很少的钱，就能吃得饱饱的。更重要的是，在小饭馆，常常能吃到<u>中国</u>各地有名的食物。

5. **看起来**（三级） it looks (as if/though etc.) 看起来像中国人。

6. **谈**（三级） v. to talk 谈话、谈谈、谈学习

7. **生意**（三级） n. business 谈生意、做生意

三级

【示例一】

上面危险

小林（Xiǎo Lín）下班时已经很晚了，他**急忙**（jímáng）朝车站赶去。等了20多分钟后，终于来了一辆双层**巴士**（bāshì）。小林上车后，发现车上只有一位看起来年纪很大的老人。由于**加班**（jiā//bān）时间太长，小林觉得身体很不舒服，准备到上面去睡一会儿，休息休息，可是老人突然**提醒**（tí//xǐng）他："年轻人，别上去，上面危险！"

看到老人认真的样子，小林就没上二层，在后面的一个座位上坐下了。20多分钟过去了，小林平安地到了站，虽然坐得有些难受，但觉得还是安全更重要。

第二天，小林同样工作到很晚，又坐上了昨天那辆公交车，让他**没想到**（méi xiǎngdào）的是，他又看到了昨天那位老人。小林一上车就听见老人对他说："年轻人，别上去，上面危险！"

虽然这是第二次了，但小林还是有一些不放心，他往上看了看，好像确实很危险，想着不应该拿生命

---

1. **急忙**（四级）　*adv.* hurriedly; in haste　急忙来了、急忙去学校
2. **巴士**（四级）　*n.* bus　一辆巴士、坐巴士上班

3. **加班**（四级）　*v.* to work overtime　经常加班、加班费
4. **提醒**（四级）　*v.* to remind　提醒他危险、提醒我

5. **没想到**（四级）　unexpectedly　没想到下雨了、真没想到

开玩笑，**于是**（yúshì）决定，还是不上去了，就在下面坐下来。

　　第三天晚上，<u>小林</u>上车后，再一次看到了那位老人。<u>小林</u>想起了他的话，就又坐在了下面。到下一站的时候，上来一位又年轻又漂亮的姑娘。当这位姑娘准备到上面去的时候，老人又一次提醒说："姑娘，别上去，上面危险！"

　　姑娘停住了，好奇地问老人："上面有什么危险呢？"

　　老人说："上面非常危险！你看，上面根本就没有司机啊！"

　　女孩儿笑了笑，什么也没说，快速向上面走去。<u>小林</u>看着老人，真不知道说什么好。

6. **于是**（四级）*conj.*
thereupon; so　雨停了，于是，我决定去跑步。

【示例二】

计算机可以代替（dàitì）教师吗？

计算机技术在教育中正**发挥**（fāhuī）着越来越重要的作用，特别是对教师的自动化修改作业、个性化推广学习**资源**（zīyuán）等工作，作用更加明显。但是从目前的实际情况来看，计算机技术还**无法**（wúfǎ）完全代替教师。

首先，教师的工作不仅是教给学生知识，他们还通过和学生的**互动**（hùdòng）、交流来推动学生的学习和成长，这种人和人的交往和情感的联系，是目前计算机技术无法代替的。

其次，教师还需要学会一些非常重要的技术和能力，例如判断、适应和调整自己的教学方法和课程内容，来满足学生的需求。这需要丰富的经验和教育资源，但机器学习目前还不完全具有这些能力。虽然计算机可以处理大量的信息并进行**分析**（fēnxī），但在人类情感、创造力等方面，计算机技术仍然无法代替教师。

当然，由于技术的不断进步，计算机在教育**领域**（lǐngyù）的应用会有更大的发展。因此，教师们也应该紧跟时代，积极学习、**运用**（yùnyòng）计算机技术，并结合自己的教学特点，为学生创造更好的教育、学习环境。

总之（zǒngzhī），计算机技术虽然已经在教育中表现出**巨大**（jùdà）的优势，但从目前来看，它确实还无法完全代替教师。

1. **代替**（四级）　v.
to replace　电脑代替人、不能代替

2. **发挥**（四级）　v.
to give play to; to bring into play　发挥作用

3. **资源**（四级）　n.
resource　水资源、信息资源

4. **无法**（四级）　v.
to be unable (to do sth.)　无法同意、无法学习

5. **互动**（六级）　v.
to interact　教师与学生互动、好的互动

6. **分析**（五级）　v. analyse　分析结果、语法分析

7. **领域**（高等）　n. field　计算机领域

8. **运用**（四级）　v. to use　运用计算机技术

9. **总之**（四级）　conj. in a word

10. **巨大**（四级）　adj. huge　巨大成功、巨大力量

中等

四级

【示例一】

他们是这样分清双胞胎 [1] 的

　　我和哥哥是双胞胎，长得几乎完全一样，连爸爸妈妈也经常把我们认错。这既是件很有趣的事，也是件很麻烦的事。为了把我们两兄弟分清楚，他们每个人都有自己的办法。

　　有一年过生日，妈妈送给我们每人一条吊坠 [2]。她说那是她花了很多时间给我们特别准备的，让我们必须天天带着。我们非常感动，马上把吊坠挂在了脖子 [3] 上。没想到从此以后，妈妈再也没喊错过我们俩的名字，因为她一看吊坠就能分清楚了。

　　虽然我们的名字是爸爸取的，可是他几乎没用过。需要帮忙时，他总是指着我们叫："你……你……过来帮我个忙！"有一次，我觉得这样太不像一家人 [4] 了，就对他说："爸！以后您有什么事儿，就叫我们的名字，好吗？别总是你、你的，听起来有点儿奇怪。"爸爸不好意思地说："我是很想叫你们的名字呀！可是，说不定喊错了，反而让你们更失望啊！"

　　我女朋友知道我有个孪生 [5] 哥哥之后，害怕单独遇到时分不清楚，就想了一个特殊的办法。她如果说："太巧了，没想到能在这儿遇到你！"我就接着说："我专门在这儿等你逛街呢！"每次回答完她的话之后，我都要和她去逛街。现在仔细 [6] 想想，好像自己上当 [7] 了。可是，我也没有别的办法。

　　自小学以来，小赵同我和哥哥一直都是同学。哪怕我们常常在一起，他也分不清 [8] 我们俩谁是谁。他常常得意地问："曾经跟我争女朋友没成功的那个是你吗？"这时，哥哥总是生气地对他大喊："假如她没有把我认错，我们就不会分手！"

—— 改编自朱勇主编《中文天天读》4A

◎ 注释（越级词、超纲词）：

1. 双胞胎 shuāngbāotāi：*n.*　twins

2. 吊坠 diàozhuì：*n.*　pendant

3. 脖子 bózi：*n.*　neck

4. 一家人 yìjiārén：*n.*　a family　一个家庭里的所有人。

5. 孪生 luánshēng：*adj.*　twin

6. 仔细 zǐxì：*adj.*　careful　形容做事认真。

7. 上当 shàng//dàng：*v.o.*　to be fooled　被别人骗。经常在口语中使用。

8. 清 qīng：*adj.*　distinct; clear　清楚的；明白的。

【示例二】

各地的出租车司机

我在中国的不同城市旅行，发现各地的出租车司机各有特点。

北京司机真是让我又爱又恨[1]。当我拉着行李第一次来北京上学时，遇到的是一位四五十岁的男司机，他一路上说个不停。"姑娘你是第一次来北京吧，北京这地儿啊，那是首都。"经过天安门时，司机更兴奋了："看，这是天安门和天安门广场，这就是咱北京！"虽然有点儿吵，但是让我感到了温暖。北京司机不仅话多，而且有时候还爱管闲事[2]。有一次我和男朋友在出租车里吵了几句，司机一听就着急了："慢慢说慢慢说，急什么啊？小两口儿[3]好好的吵什么啊？别吵了，我给你们唱一段……"当时我就笑了。

北京司机的优点是热情，但是有时候他们说话也太直接了，让人不舒服。有一次我让一个司机停车，他却一直往前开，好像没有听见一样。我急得大叫："师傅[4]！我到了！"司机却说："您以为这是您家后院啊，想停就停。这是长安街，有禁止停车标志，懂吗您？"

再说上海[5]的出租车司机。上海男人性格比较温和[6]，因此在上海坐出租，有种消费者是上帝的感觉。有一次我遇到了烦心事，气呼呼地去打车，上车后司机问我去哪儿，我说桂林西街。开车后师傅不停地问我，一会儿问"小姐走这边还是那边"，一会儿又问"小姐我们走高速公路好吗"。当时我挺烦的，生气地说："你是司机还是我是司机呀？哪儿近你就走哪儿，不要一直问好吗？"师傅半天没说话，过了一会儿，他小声问我："小姐北方人吗？""对。""北方姑娘都这么厉害[7]吗？"说得我面红耳赤[8]。

最"实在"的是广州[9]司机。在火车站好不容易[10]坐上出租车，司机一听距离太近，不愿意拉，我就拿出电话说："我打个车也不容易。您说让您公司处理这事还是请警察来？"司机一听不拉不行，马上热情服务。边开边说："小姐啦，我不是不愿意拉你啦，主要是我们也很不容易啦。我等了四个小时才拉到客人，可是这么近，我赚[11]不到钱啦，请你理解一下啦。"

我笑了笑说："这要看我心情啦。"

—— 节选并改编自朱勇主编《中文天天读》5B

◎ **注释（越级词、超纲词）：**

1. **恨** hèn：*v.* to hate 非常讨厌。

2. **闲事** xiánshì：*n.* matter not of one's concern 和自己没有关系的事。

3. **小两口儿** xiǎoliǎngkǒur：*n.* young couple ＜口语＞年轻夫妻。

4. **师傅** shīfu：*n.* polite form of address for sb. with (accomplished) skills in a trade/handicraft 文中是对出租车司机的称呼。

5. **上海** Shànghǎi：*n.* Shanghai 中国东部的一个城市。

6. **温和** wēnhé：*adj.* mild; gentle 态度好，使人感觉亲切。

7. **厉害** lìhai：*adj.* stern; strict 难以对付或忍受（difficult to deal with or endure）。

8. **面红耳赤** miànhóng-ěrchì：red in the face; flushed

9. **广州** Guǎngzhōu：*n.* Guangzhou, capital of Guangdong Province 中国南方的一个城市。

10. **好不容易** hǎobù róngyì：with great difficulty/effort（已经做完的事）很不容易。也可以说"好容易"。

11. **赚** zhuàn：*v.* to make a profit; to gain

五级

【示例一】

怎样和中国人交朋友

在国外生活多年，我发现当代中外人际[1]交往方面的差别很大。如果不注意，就很可能影响外国人和中国人的友谊。中国的人际交往注重请客和送礼物。我刚刚到国外工作的时候，按照中国的传统，邀请领导和同事到家里吃饭。请过几次以后，按照中国的习惯，该他们一个一个地请我了，结果我等了很久都没有。我甚至有些难过：难道大家都不喜欢我吗？后来我才知道，原来这次你请我，下次我请你，是中国人的习惯。而在外国，朋友一起去餐馆吃饭是各自付钱。即使邀请朋友到自己家里吃饭，朋友们也常常会每个人自己带一道菜。

在外国，主人请客人吃饭的时候，一般不会劝客人多吃多喝。一旦客人不好意思吃，就只能饿着肚子回家了。而在中国，主人大都会不断地招呼你，让你多吃多喝，还会频繁让你喝酒，展现自己的热情。

中国人请吃饭，大都会准备一大桌子菜，因为中国人觉得，既然是请别人吃饭，饭菜就要丰盛[2]。请客就要大大方方的，不能小气。如果在饭店，剩的菜可以打包带走。这样既显得主人大方，又能避免浪费。

去别人家拜访，空着手当然不好。那送什么礼物合适呢？一般情况下，你可以送一点儿新鲜的水果、自己家乡特有的产品等。送上礼物时可以强调一下儿礼物的特别意义，例如"这是我专门从家乡带的一点儿特产[3]"。但是要注意的是，给中国人一般不能送钟表[4]，因为"送钟"和"送终"读音相同，而"送终"的意思是照顾家里快要去世的老人并为他们办丧事[5]。还有，不能给健康的人送药，不能给异性[6]朋友送内衣[7]。虽然中国人不习惯在客人面前直接打开礼物，但是他们还是会向你表示感谢并表达对礼物的喜爱。

另外，礼物一般不能太贵重[8]。因为中国人讲究"礼尚往来[9]"，这次我送你礼物，下次你也得送我礼物。人们会在合适的时机，或是你生日的时候，或是去你家做客的时候，找个价值差不多的礼物送给你。如果你送的礼物太贵重，就会给朋友带来负担。

—— 改编自朱勇主编《中文天天读》5B

◎ 注释（越级词、超纲词）：

1. 人际 rénjì：*adj.* interpersonal 人和人之间的。

2. 丰盛 fēngshèng：*adj.* sumptuous; abundant ＜褒＞形容食物等又多又好。

3. 特产 tèchǎn：*n.* special local product

4. 钟表 zhōngbiǎo：*n.* clocks and watches 时钟和手表。

5. 丧事 sāngshì：*n.* funeral (affair)

6. 异性 yìxìng：*n.* person of the opposite sex 和自己性别不同的人。

7. 内衣 nèiyī：*n.* underwear

8. 贵重 guìzhòng：*n.* *adj.* expensive

9. 礼尚往来 lǐshàngwǎnglái：courtesy demands reciprocity 在礼节上有来有往。也指你对我怎么样，我也对你怎么样。例如：圣诞节他送了我礼物，礼尚往来，新年我也给他准备了礼物。

【示例二】

义乌[1]出发的中欧班列[2]

自从 2017 年元旦，从义乌行驶出发的"中欧班列"经过 18 天成功到达伦敦（London）后，方先生接电话接到耳朵疼。而这一切，都是因为对这趟[3]列车有兴趣的客户实在太多了。

浙江义乌是全球最大的小商品交易中心，被称为小商品的"天堂[4]"。因为那里有超过 180 万种小商品，销售到全球 200 多个国家和地区。但是这里的货物[5]如何运出去？方先生当时就认为义乌到欧洲的班列有着实实在在的市场需求。

方先生告诉记者："2009 年，我们就发现了义乌货物出口的难题。"那时，汽车货物运输的效率很低。那为什么不走航空运输和铁路运输呢？方先生说："航空运输的成本太高了，除非是价值很高的商品才会选择。从义乌到欧洲，如果货物通过海上公共区域运输，就不需要其他国家批准。但如果走铁路，就要经过多个国家，而运输的货物需要满足一路上各个国家不同的标准。这正是义乌小商户们的难题，也是我们的机会。"马德里拥有欧洲最大的小商品市场，出于这样的考虑，他们决定将其作为班列的终点。

很快，经过方先生和中国政府的努力，这条路线被铁路部门批准。仅过了 50 多天，首班班列就从义乌出发了。它的效率简直高极了！行驶长度超过 1.3 万公里，经过 8 个国家，经历三次更换轨道[6]，几十位不同国家的火车司机，全天不停，21 天后到达马德里。

事实上，要真正实现铁路运输的优势，仅有铁轨和列车是不够的。中国和欧洲大部分国家铁路轨道距离[7]是 1 435mm，而原来苏联国家的距离是 1 520mm，从中国到欧洲，要经过不同标准的铁轨，这就需要把货物换到新的车上。阿拉山口被称为中国"四大风口[8]"之一，这一地带全年 8 级或 8 级以上大风的时间超过 160 天，这严重影响了轨道的更换。为了解决这个问题，一家公司在阿拉山口铁路站投资建造了室内换装库[9]。现在，每年换装能力可以达到 20 万箱的标准。这样，风再大也可以实现全天 24 小时换装。

挑战还不仅是自然环境。阿拉山口站站长告诉记者，以前列车工作人员和换装设备严重缺乏，等着从阿拉山口出去的货物有时要排很长的队。而现在，自从中欧班列开始行驶，车站负责换装的工人增加了一倍，工作效率提高了许多。

现在，中国和中欧班列铁路线上各国的合作正越来越紧密。一方面，中欧班列单程运行时间大幅缩短；另一方面，中欧班列的费用和刚行驶时相比已经下降 30% 以上，这样的费用仅为航空运输价格的五分之一。此时，由一个浙江商人的梦想开始的中欧班列已经来去在中国和欧洲 24 个国家的 196 个城市间。这已经成为国际陆地运输的重要交通方式。

—— 改编自媒体新闻报道

◎ **注释（越级词、超纲词）：**

1. **义乌** Yìwū：*n.* Yiwu, a city in Zhejiang Province, China 中国浙江省的一座城市，因为小商品交易活跃而出名。

2. **中欧班列** Zhōng-Ōu Bānliè：China-Europe Railway Express

3. **趟** tàng：*mw. used for times of a round trip* 用于人一去一回的次数；火车、飞机等交通工具往来的次数。

4. **天堂** tiāntáng：*n. heaven* 这里指小商品交易的环境非常好。

5. **货物** huòwù：*n. cargo* 要卖的东西。

6. **轨道** guǐdào：*n. track* 给火车使用的路。

7. **轨道距离** guǐdào jùlí：track gauge 轨道的宽度。

8. **风口** fēngkǒu：*n. wind gap* 有风的地方。

9. **室内换装库** shìnèi huànzhuāngkù：indoor transshipment depot 铁路更换轨道时的一个专门的设施。

六级

【示例一】

跨国[1]教育架起通往[2]中国的桥梁

2023 年 9 月 18 日至 22 日，20 所英国大学的校长、副校长等人组成了访华团，在北京和上海等地进行访问交流活动。这是三年来英国高校代表的首次正式访华，由英国文化教育协会（British Council）、英国国家科研与创新署[3]（UKRI）和英国大学联盟国际部（UUKi）联合发起，目的是加强中英两国在高等教育领域[4]的交流，探索校际合作、跨国教育、科研合作、师生交流等方面的潜力。

作为英国校长访华团的一项重要活动，英国文化教育协会与中国教育国际交流协会共同举办了 2023 中英高等教育论坛[5]。该论坛为中英方校长们提供了一个探讨教育与科研新合作模式的平台。英国文化教育协会首席执行官[6]Scott McDonald 在会上表示："自 1979 年起，英国文化教育协会就在中国开展工作，在促进全球化人才流动、中英两国教育机构之间的教学和研究合作等方面做出了很多努力。我很高兴看到访华团与中国高校、教育机构等开展对话，共同探讨未来教学和研究的合作领域，让教育体系[7]高质量发展。"

尽管英国有一些政客[8]担忧两国的高等教育联系过于紧密，但事实上，中国建立了成熟的大规模跨国教育体系，两国已经开展了多层次的合作。目前，共有 260 多个本科和以上层次的合作办学项目和机构获中国教育部批准设立，总入学人数超过 7 万。总体而言，英国跨国教育项目在中国的招生人数超过其他任何国家，这种情况在未来许多年内都不太可能改变。

学生流动性也是中英高等教育合作关系的关键组成部分。目前，中国仍是英国最大的国际学生招生市场之一，约有 15 万名中国学生在英国留学。过去十年，也有超过 6.7 万名英国年轻人在中国参加学习、实习和教学项目。这不仅有利于实现英国高等教育的目标，而且也有利于中英之间形成更广泛的社会、经济和文化联系。

此外，英国还与中国在艺术、科学等领域开展了强有力的合作，启动了多个项目。这些项目的开展为中英两国之间的交流和合作提供了更多的机会。

代表团在离开中国时一致认为，英国在大学内外都需要增加对中国文化的理解。英国外交大使说："我们必须面对一个现实：没有中国的参与，任何重大的全球性问题都不可能得到解决。"大学之间的合作对解决全球问题有帮助。因此，英国的大学必须架起通往北京的桥梁。

——节选并改编自《环球时报》（2023 年 11 月 25 日）

◎ **注释（越级词、超纲词）：**

1. **跨国** kuàguó：*v.* to be transnational　指涉及两个或多个国家的事物或行为、活动。

2. **通往** tōngwǎng：to lead to　一条道路引导到某个地方。如：通往学校的路。

3. **署** shǔ：*n.* government office　办理公共事情和工作的政府机关。

4. **领域** lǐngyù：*n.* field; domain　学术思想或社会活动的范围。

5. **论坛** lùntán：*n.* forum　正式的、有特定话题的讨论会。

6. **首席执行官** shǒuxí zhíxíngguān：chief executive officer　公司或机构主要的负责人。

7. **体系** tǐxì：*n.* system　若干有关事物或某些意识互相联系而构成的一个整体。

8. **政客** zhèngkè：*n.* politician　以政治活动为职业的人。

【示例二】

人工智能[1]对生活的影响有哪些?

随着人工智能时代的到来，人工智能技术对我们的生活和工作都产生了一些影响。为了能够深入了解人工智能技术，需要明白人工智能对生活的影响有哪些。

人工智能对日常生活的影响已经无处不在。一方面，深度学习、图像[2]识别[3]、语音识别等人工智能技术已经广泛应用于智能设备、移动支付等领域[4]；另一方面，人工智能提高了公共管理的服务水平，成为促进经济和城市建设的新动力。

同时，人工智能还在教育、医疗、养老、环境保护、城市运行、法律服务等领域广泛应用，给智能制造、智慧办公、智慧城市带来新气象。越来越多的快递机器人、商店导购[5]机器人、自助[6]收银机器人、儿童早教机器人等也走进了人们的生活。

随着技术的不断更新，人工智能的应用场景将更加广泛。智能电视可以和用户实现多屏互动，内容共享。智能冰箱能提醒用户定时补充食品，对食物进行智能化管理，提供健康菜单和营养建议。智能家居系统能控制窗帘、灯光、天然气等，还能实现防盗[7]报警。

有人会问，如今互联网已经让我们的生活变得很好，人工智能还能为我们做些什么呢？其实人工智能已经在慢慢改变我们的生活，并且无处不在了。

一、解放双手

以前，开车时接打电话需要操作手机，很不安全。现有的技术可以实现用语音操作，或启动无人驾驶功能，使开车更加安全。

二、降低技术使用成本

不会上网查资料，不会上网订机票，不会网上订餐，不会网上购物……没关系，现在的语音助手类的手机软件已经可以像私人秘书一样，不仅可以直接通过内部搜索回答你的问题，而且还能直接帮你做事，甚至主动帮你想办法、出主意，解决难题。

三、日程[8]安排

跟客户定时间见面，自己日常安排繁杂，也不确定对方什么时候有空儿，双方不断发邮件沟通确定很复杂，直接用人工智能的虚拟[9]人物就可以了。虚拟人物会帮助你跟对方邮件沟通敲定时间，保证双方都满意。旅游行程规划很麻烦，让虚拟人物帮你自动设计规划，你只要按照计划体验就好。

四、工作辅助

写招聘广告，人工智能可以帮你对广告进行打分，对其中的词句进行修改。例如某些词不合适、有些句子很难理解等，人工智能都可以提供修改建议。如果财务[10]工作较忙，你只需要把各种发票提交给人工智能扫描[11]就行，"他"会自动识别其中的数据并进行分析。

现在的人工智能有点儿像"电"刚发明的时候。当时人们觉得"电"似乎没什么用，各种技术也不成熟，甚至怀疑电会带来危险和灾难，可现在电已经成为一种无处不在的基础设施，技术成熟统一，各种应用不断出现。这可能也是人工智能的未来吧。

相信在不久的将来，人工智能技术能够在教育、医疗、出行等与人们生活密切相关的方面发挥更为显著的作用，为大家提供范围更广、体验感更好、便利性更强的生活服务。

——改编自信息化观察网《人工智能对生活的影响有哪些？》

◎ 注释（越级词、超纲词）：

1. 人工智能 réngōng-zhìnéng：AI (artificial intelligence)（智能学科专业术语）研究、开发用于模拟、延伸和扩展人的智能的理论、方法、技术及应用系统的一门新的技术科学。

2. 图像 túxiàng：*n.* image 画、拍摄或印出来的形象。

3. 识别 shíbié：*v.* to recognize 能够确定是某人或者某事物，并且与其他人或者事物区别开来。

4. 领域 lǐngyù：*n.* field; domain 学术思想或社会活动的范围。

5. 导购 dǎogòu：*n.* shopping guide 为顾客提供购物、服务等方面的建议和帮助的人员。

6. 自助 zìzhù：*v.* to resort to self-help 帮助自己。

7. 防盗 fángdào：*v.* to guard against theft/burglary 防备偷盗。

8. 日程 rìchéng：*n.* schedule 指计划、安排或时间表，用于记录个人或组织的活动和任务，以确保时间充分利用和事务顺利完成。

9. 虚拟 xūnǐ：*adj.* virtual 实际不存在的；由科学技术（常常是计算机技术）实现实物仿制的。和"实体"相反。

10. 财务 cáiwù：*n.* financial affairs 公司、单位或者组织中和财产的管理，资金的收入、支出、计算等有关的工作。

11. 扫描 sǎomiáo：*v.* to scan 指通过电子束、无线电波等的左右移动在屏幕上显示出画面或图形。

高等

七—九级

【示例一】

没有中国货的日子

　　美国路易斯安那州的萨拉·邦焦尔尼是一名女记者，她两年多前决心抵制"中国制造"，尝试一年不买任何中国制造的产品的生活会是怎样的。实验结束后，她感叹："如果抵制'中国制造'，你会意识到生活中存在巨大的不便。我们确实受益于中国的商品。"后来，邦女士把她全家那一年的经历记录下来，写成并出版了《没有"中国制造"的一年：一个家庭在全球化经济中的生活历险[1]》一书。

　　据了解，邦女士没有明显的政治倾向，做这个实验并不是出自道德标准，她对"中国产品不安全"的传言也并不在意。做这个实验完全出于偶然因素：2004 年圣诞节，她收到 39 件礼物，其中有 25 件是"中国制造"。2005 年 1 月 1 日，她决定做个实验：与中国货告别。这一年，有几个故事让她难忘。

　　故事一：一天早晨，她打电话为丈夫买裤子，听说是香港制造的，于是她就订了这条裤子。挂完电话以后，她在网上发现：香港是中国的特别行政区[2]。她不得不取消了订单。

　　故事二：她丈夫到连锁超市买充气[3]游泳池，发现那里的充气游泳池全是中国制造的。最后，她只好给嫂子打电话，让她替自己去别的城市买。

　　故事三：4 岁的儿子穿的鞋小了，她逛了几家商场，除了中国制造的鞋以外找不到其他鞋子。最后在一家网上商店找到了一双 68 美元的意大利制造的运动鞋。邻居对她说："花 68 美元给孩子买双鞋，太贵了吧？"

　　邦女士的新书出版的时候，正是中美经贸关系的微妙时期，中美战略经济对话已经进行了 3 次，虽然取得了一些成果，但美国国会部分议员已经失去耐心，提议制裁中国。然而，美国国内专家的看法和议员们不同。2007 年，1 028 名美国经济学家联合反对对中美贸易逆差[4]采取制裁措施，他们认为保护主义[5]对美国是不利的。邦女士长达一年没有政治倾向的抵制，结果表明了美国老百姓对中国产品的依赖，也表明了中国产品给美国百姓带来的实惠。"中国制造"进入美国，给美国的老百姓提供了物美价廉[6]的商品；

同时，中国也是美国的重要出口市场。据美方统计，从 2001 年到 2005 年的 4 年之间，美国对华出口增长了 118%，年均增长 21.5%，是美国对全球出口增长幅度的 4.9 倍。

中美贸易不平衡只是表面现象，其实是两国彼此受益。对这一点，有一个美国的经济学家在和记者聊天儿时承认，"中国制造"让美国老百姓受益。提高关税、人民币升值都不是解决问题的根本办法。他说："要解决贸易不平衡，只能是美国经济萧条，老百姓购买力减弱。但这样对双方都不好。有些产品美国根本不制造，不从中国进口也要从其他国家进口。"普通美国人也有自己的看法。在《芝加哥论坛报》的网站，关注邦女士故事的读者很多。有一个人说："我想，这是我所读过的最充满歧视的故事。我用过许多来自中国的产品，包括手机、电脑、电视机、玩具等，这些东西价钱便宜，性能可靠，谢谢中国提供这些产品给美国人。"

邦女士的实验不仅挑战了她的消费习惯，而且也启发了她对于全球化背景下经济互依互存[7]的深刻理解。尽管面临诸多困难和限制，但她和她的家人还是坚持完成了这一年的实验。通过这一过程，她意识到尽管可以从其他国家进口商品，但中国制造的产品以其独特的性价比在全球市场上占据了不可替代的地位。

——节选自周质平等主编《中国社会百态》

◎ 注释（越级词、超纲词）：

1. 历险 lìxiǎn：v. to have an adventure 经历危险。

2. 行政区 xíngzhèngqū：n. administrative region 设有国家政权机关的各级地区。

3. 充气 chōngqì：v. to inflate 将空气注入轮胎、气球、游泳圈等物品中，使其膨胀或充满空气。

4. 逆差 nìchā：n. unfavaourable balance of trade; trade deficit 进口总额超过出口总额时的情况。

5. 保护主义 bǎohù zhǔyì：n. protectionism

6. 物美价廉 wùměi-jiàlián：(of goods) cheap and fine 又便宜又好。

7. 互依互存 hùyī hùcún：to be of mutual influence and interdependence

【示例二】

乐乐

乐乐到我家时刚出生一个月，双眼刚能睁开，有些胆怯但还是勇敢地看着我们。身上有婴儿的味道，捧起来，听话地缩在手掌里，有了依赖感。在地板上摇摇晃晃地走几步，闻我鞋子。没几天就用一点儿点儿的小牙开始咬，再过几天就试图拖动比它大很多的鞋。

两个月大的乐乐第一次来到花园，它闻到了陌生的气味，好奇地看着周围的草地，既开心又有点儿疑惑。我站在不远处，伸出双手说："乐乐，过来！"它犹豫地迈着小腿，一步一步地走向我。我抱起它，亲了一下儿它的小脑袋，它的大眼睛里满是快乐的神情。

乐乐开始学如何社交。跟小伙伴见面，先互相闻，鉴定身份（性别、年龄等），合适的就会一起玩耍，跑跑跳跳。但见到某些狗狗就吼，像有仇似的。后来遇到一只年龄小得多的，见面都叫个不停；但乐乐竖着尾巴摇，对方却垂着尾巴。书上说，竖尾是自信，垂尾是防御，大概跟年龄大小有关。

乐乐天生爱大自然，喜欢草地，闻树闻草闻花。人少时，我们会放开绳子。小鸟飞过，在草地上跳，就要去追；追不上，就回头疑惑地看我，好像在问：为什么我不能飞？一岁多在草地上碰上一个小男孩儿，见到乐乐，一边叫一边绕着大圈跑，乐乐在后边兴奋地追。我忙拉住乐乐，它还不依不饶[1]地叫，似乎埋怨：他凭什么大喊大叫？有时放在草坪上，远远吹一声口哨，它就欢快地跑跳过来，像匹小马一样。

有一年中秋节，我带着乐乐坐在草坪上，闻着草香，看着深蓝色天空中的月亮。几只萤火虫[2]在草地上飘过，忽高忽低的。四周一片寂静。

到海边公园最高兴。一出宠物包就咧[3]开嘴笑。闻花闻草，还会跟很多狗狗交流，玩耍。最怕到水边。小时候有一次被扔到水里，拼命往岸边游；爬不上岸，落汤鸡[4]似的，瞪着大眼睛渴望被挽救。

嗅觉特好，喜欢闻花闻草闻树，还边闻边思考，做学问似的。有时认真寻找某种草，找到了，就会吸着舔着咬着草叶草茎。有时会突然拉着我们跑，走过几个路口，就看见它的朋友或敌人。狗的嗅觉系统好，掌管嗅觉的脑部位，重量是人类的4倍。听觉也极敏锐。小时候一听打雷，就缩在我们身边。在户外有人远远咳嗽一声，就知道是谁。

超感觉惊人。我们要到家了，它早早在门口等着。何时起床，何时出去，何时睡觉，特别准时。但有几次该出去了，我们喊"出去"，他却纹丝不动[5]。看窗外，原来下起细雨。窗台很高，细雨无声，不知它怎么感觉到的。本能更厉害。一岁左右发现它啃咬家里的墙角，医生说是缺微量元素[6]。后来天天吃带微量元素的食物，墙角就安全了。有时身体不适，到外边找某种草咀嚼[7]，咽下去，不久就会把胃里难受的东西呕吐出来。

特别"转"。两种犬的混血，50厘米长，30厘米高，才十一二斤，可多大的狗都敢交流；不高兴也敢对它们吼叫。到军犬[8]基地，过窄窄的通道，两旁笼里是上百斤的军犬，大声吼叫。有的狗狗吓出了尿，乐乐却从容踱步[9]，让我脸上增光[10]。

楼顶上有一根40厘米高的柱子，小短腿的乐乐自然跳不上去。但看见比它高一点儿的别的狗一下儿跳上去，就很不高兴。于是一次一次尝试。几天后，终于跳上了柱子，昂首挺胸[11]站着，有一种傲视天下[12]的感觉。

小时候我们牵它，到中年情况变了：你在前面牵，它会用力停下；等你停下了，它才不慌不忙走到前面，自己决定去哪儿。

我们常出差。我出门时乐乐总是有意坐在门边小窝里，大眼睛盯着我。太太出差不同：看见收拾行李就开始不理不睬[13]；出门时缩在门边小窝里，却扭头不看。出差超过三四天，我们会买个玩具。每次回来，乐乐先扑上来亲热，然后围着箱包转，用力闻。一打开就爬进去翻，找到玩具，叼出来，跑得远远的一个人享受，好像怕被抢走似的。玩具要有小耳朵、小尾巴什么的，咬着方便，叼着到处走，像抓到猎物[14]一样。

——节选自周小兵著《语文的魅力》

◎ **注释（越级词、超纲词）：**

1. **不依不饶** bùyī-bùráo：wouldn't let sb. off　形容要求没达到就纠缠个没完。

2. **萤火虫** yínghuǒchóng：*n.*　firefly

3. **咧** liě：*v.*　to grin　嘴角向两边延伸。

4. **落汤鸡** luòtāngjī：*n.*　(like) a drenched chicken　掉在热水里的鸡，比喻人浑身湿透的狼狈相。

5. **纹丝不动** wénsī-búdòng：as motionless as a statue　一点儿也不动。

6. **微量元素** wēiliàng yuánsù：microelement　生物体正常生理活动所必需但需求量很少的元素。

7. **咀嚼** jǔjué：*v.*　to chew　用牙齿磨碎食物。

8. **军犬** jūnquǎn：*n.*　army dog　经过严格训练，在军队执行任务的狗。

9. **踱步** duó//bù：*v.*　to walk at a slow pace　慢步行走。

10. **增光** zēng//guāng：*v.*　to bring honour to　觉得有面子。

11. **昂首挺胸** ángshǒu-tǐngxiōng：to (hold one's head high and) throw out one's chest proudly　抬起头，挺起胸膛，形容斗志高，士气旺。

12. **傲视天下** àoshì-tiānxià：to show disdain for the world　目空一切，不把世界上的一切放在眼里。

13. **不理不睬** bùlǐ-bùcǎi：to be indifferent to people or things　对人或事物不闻不问，漠不关心。

14. **猎物** lièwù：*n.*　prey　猎取到的或作为猎取对象的鸟兽。

【示例三】

中东地区国家大力发展数字经济[1]

近期，美国经济研究机构预测，中东地区数字经济规模将从 2022 年的 1 800 亿美元增长到 2030 年的 7 800 亿美元，年平均增长率达 20%，是未来几年全球数字经济增长最快的地区之一。到 2030 年，中东地区国家数字经济占国内生产总值[2]的比重将从 2022 年的 4.1% 上升到 13.4%。其中软件、互联网和数据中心将是投资最集中的领域。专家表示，中东地区数字经济发展潜力巨大，中国与中东地区国家加快共建"数字丝绸之路[3]"有助于双方共享数字经济发展机遇，促进经济转型升级。2023 年，在中东地区，有 9% 的消费者每天至少网购一次，这一比例在沙特阿拉伯（以下简称"沙特"）甚至达到 14%。相关统计还显示，2014 年至 2019 年，阿联酋消费者的数字支付交易量以每年超过 9% 的速度增长，高于欧洲 4% 至 5% 的年平均增长率。2021 年，沙特经由 POS 系统产生的银行卡交易达 55 亿笔，其中 95% 的交易是非接触式交易。

世界银行曾发布报告指出，中东地区数字经济的充分发展可在今后 30 年将地区人均 GDP 提升 40% 以上，创造 1.46 万亿美元的产值。不少咨询公司认为，2022 年到 2027 年将是中东地区国家"数字经济加速期"。到 2030 年，中东地区数字经济领域估值[4]达到 10 亿美元的数字经济企业数量将从 2022 年的 50 多家扩大到 350 多家。

阿曼的国际银行负责人强调，对中东地区国家而言，"数字经济就是新的石油"，相关国家应把发展数字经济置于经济多元化战略的首位。因此，近年来，中东地区多国不断推出相关政策和措施，鼓励和扶持数字经济发展。其中，阿联酋、阿曼、科威特、沙特、巴林、卡塔尔等国家数字经济基础较好，投资力度更大，预计这几个国家到 2024 年在信息技术基础设施方面的投资将超过 700 亿美元。当前，数字经济对阿联酋 GDP 的贡献率为 9.7%。去年 4 月，阿联酋通过数字经济战略会议，计划未来 10 年使数字经济对 GDP 的贡献率翻一番。阿联酋还成立了数字经济委员会以推动数字经济发展。沙特在"2030 愿景[5]"提出要大力支持数字创业、投资数字技术、开展数字教育和培训。该愿景 2022 年度报告显示，目前沙特政府服务中的 97%、约 6 000 项服务已经实现电子化。在 2022 年联合国发布的全球电子政务[6]调查报告中，中东地区国家中有四个属于"非常高水平"组，其中阿联酋的电子政务发展指数排名全球第十三位，沙特排名第三十一位。两国在发展电子政务方面积累了不少先进经验。比如阿联酋建立了政府采购数字门户，让中小型企业参与透明高效的公共采购流程。埃及近年来也推出"2030 愿景"和"数字埃及"战略等，努力发展数字经济。目前，埃及接入并运营海底电缆[7] 17 条，占全球总数的 17%。2020—2021 年，埃及信息与通信技术产业的增长率达 16%，高于 GDP 增长率。2022—2023 年，埃及数字服务出口预计达到 55 亿美元，较上一年增长 12.2%。

复旦大学中东研究中心副研究员[8]吴晓宇表示，中东地区国家高度重视数字经济发展，电子商务、数字支付、电子政务等形式多样的数字经济稳步[9]发展，增长潜力巨大。

今年 9 月，迪拜中国周数字经济论坛举行，与会[10]代表围绕"数字化转型赋能企业发展"等话题展开讨论。阿联酋高度重视电信行业数字化发展，在数字化基础设施建设领域卓有成效[11]。共建"一带一路[12]"倡议促进了国际社会分享新的机遇，实现共同发展。阿联酋期待和中国的数字经济合作不断向前推进，助力[13]地区数字化及数字基础设施发展提升至更高水平。在埃及，华为公司建设"华为信息与通信技术学院"，发起多种有关信息与通信技术技能大赛的活动，其他中国企业也积极与埃方开展数字经济合作，例如推行"智慧教室解决方案"，帮助实现数字化教学；围绕阿拉伯语语音识别、语音合成、中阿翻译开展合作研究等。

宁夏大学中国阿拉伯国家研究院[14]院长李绍先表示，随着共建"一带一路"在中东地区加速推进，中国与中东地区国家共同把握数字化、智能化发展机遇，在 5G 通信、数字基础设施、电子商务、移动支付、数字能源、技术创新、数字培训等领域的合作取得了积极进展，成为双方经济增长的新动力。未来，双方应继续加大发展战略合作，进一步完善数字经济的合作框架与机制，扩大双方在数字经济的基础设施、人才培养、社会服务等领域的合作空间，帮助数字经济的合作成为双方共建"一带一路"高质量发展的方向。

——节选并改编自《人民日报》（2023 年 11 月 22 日）

◎ 注释（越级词、超纲词）：

1. **数字经济** shùzì jīngjì：digital economy　指以使用数字化的知识和信息作为关键生产要素，以现代信息网络作为重要载体，以信息通信技术的有效使用作为效率提升和经济结构优化的重要推动力的一系列经济活动。

2. **国内生产总值** guónèi shēngchǎn zǒngzhí：gross domestic product (GDP)　一定时期内一国居民在本国范围内所生产的全部最终产品和劳务的市场价值总额。

3. **丝绸之路** sīchóu zhī lù：silk road　古代横贯亚洲的交通道路。

4. **估值** gū zhí：to estimate　评定一项资产当时价值的过程，是指对一项资产价值的估计。

5. **愿景** yuànjǐng：*n.*　vision　所向往的前景。

6. **政务** zhèngwù：*n.*　government affairs　关于政治方面的事务，也指国家的管理工作。

7. **电缆** diànlǎn：*n.*　cable　装有绝缘层和保护外皮的线缆。

8. **研究员** yánjiūyuán：*n.*　researcher　科学研究机构中研究人员的最高专业职称。

9. **稳步** wěnbù：*adv.*　steadily　步子平稳地。

10. **与会** yùhuì：*v.*　to attend a conference　参加会议。

11. **卓有成效** zhuóyǒu-chéngxiào：fruitful　成绩、效果显著。

12. **一带一路** yí dài yí lù：the Belt and Road　指"丝绸之路经济带"和"21世纪海上丝绸之路"。由中国首先提出倡议，为沿线国家优势互补、开放发展创造新的机遇。

13. **助力** zhùlì：*v./n.*　help　帮助。

14. **研究院** yánjiūyuàn：*n.*　research institute　在学术界称其为科学试验的研究机构。